인생 후반전

두려움없이
서두름없이

최주섭 지음

인생 후반전
두려움없이 **서두름**없이

초판 1쇄 발행 2019년 8월 1일

지 은 이   최주섭
발 행 인   권선복
편   집   오동희
디 자 인   서보미
전 자 책   서보미
발 행 처   도서출판 행복에너지
출판등록   제315-2011-000035호
주   소   (07679) 서울특별시 강서구 화곡로 232
전   화   0505-613-6133
팩   스   0303-0799-1560
홈페이지   www.happybook.or.kr
이 메 일   ksbdata@daum.net

값 15,000원
ISBN   979-11-5602-737-9   (03190)

Copyright ⓒ 최주섭, 2019

『마음건강 및 자아실현』 중심의 노후준비 프로그램

인생 후반전

두려움없이
서두름없이

최주섭 지음

도서
출판 행복에너지

'내가 원하는 삶'을 위하여

환갑을 넘기고도 약 40년을 더 살아 내야 하는 100세 시대입니다. 두 번째 인생을 커버할 새로운 이야기가 필요해진 것입니다. 기껏 60세 언저리에 늙었다는 이유로 직장에서 등 떠밀릴 때, 우리는 당황하고 좌절합니다. 갑자기 잃어버린 든든한 보호막을 대신할 무언가를 재빨리 되찾지 못할 때, 우리는 마치 속살을 드러낸 것처럼 약해지며 당장 무슨 일이라도 일어날 것처럼 불안해지기 일쑤입니다.

신중년기에는 퇴직이라는 큰 사건에 이어서 내면·육체·환경에 대한 온갖 침체의 변화들도 한꺼번에 밀물처럼 몰려옵니다. 심리학자 융C. G. Jung은 이 시기를 "자기에 대한 가장 큰 소외를 경험하는 총체적인 위기"라고 경고했습니다. 우리가 이 시기의 낯선 변화들과 위기에 압도당하지 않으려면 심리적 웰빙상태를 강화하면서 새로운 사회적 역할을 재설계하는 것이 중요합니다.

저자는 퇴직 후 '내가 진정으로 원하는 삶을 살아 보자.'라는 각오로 인생 후반전을 시작했습니다. 두 번째 인생에서조차 남이 시키는 일에만 매달리고 싶지는 않았으며 '나만의 천직'을 찾고 싶었습니다. 그래서 학생으로 되돌아가 5년간 새로운 관심분야에 대한 역량 강화와 적응의 과정에 전념했습니다. 그 결과 몸과 마음을 재정비했으며 의미 있고 재미있는 일에 다시 도전할 수 있게 되었습니다. 저자는 '스테디셀러 작가이자 좋은 강연가'라는 인생 후반전의 새로운 꿈을 향하여 두려움 없이 서두름 없이 나아가고 있습니다.

저자는 퇴직 후의 공부와 체험을 바탕으로 모든 정성을 다하여 이 책을 만들었습니다. 베이비부머들이 최근 대규모로 퇴직하면서 100세 시대의 인생 2막을 주제로 한 책들이 많이 출간되고 있습니다. 거의 모든 책들이 건강, 재무, 여가, 인간관계를 공통 주제로 다루고 있습니다. 이 책은 마음건강과 자아실현이 핵심주제이며 저자의 체험을 깊이 있게 다루었다는 점에서 차별성이 있습니다.

많은 사람들이 인생 후반전에서 건강의 중요성을 특별히 강조합니다. 그런데 우리는 대체로 신체건강에만 관심을 기울입니다. 마음건강에는 놀랄 정도로 무지하고 무관심하며 투자도 하지 않습니다. 우리는 나이 들수록 마음건강의 중요성을 알아차리고 수행하는 지혜가 필요합니다. 또한 많은 학자들은 자아실현이 인생 후반전에서 가장 중요한 삶의 동기라고 강조합니다. 자아실현은 특별한 소수만의 희망사항이거나 추상적인 이야기가 아닙니다. 자아실현이란 나만의 강점과 잠재력을 사회적으로 의미 있게 사용하면서 진정으로 원하는 삶을 사는 것입니다.

독자 여러분들은 이 책을 통하여 다음과 같은 경험을 할 수 있습니다. 첫째) 인생 후반전에서 마주치는 온갖 변화들과 그 의미를 색다른 관점으로 이해하게 될 것입니다. 둘째) 마음건강의 중요성과 그 구체적인 실천방법을 쉽게 배울 수 있을 것입니다. 셋째) 새로운 사회적 역할을 탐색하면서 진정으로 내가 원하는 삶에 도전할 수 있도록 마음을 개방하게 될 것입니다.

인생 후반전은 활동기간으로 볼 때 전반전의 절반 정도에 불과합니다. 따라서 이제 겨우 반 토막도 남아 있지 않은 인생입니다. 퇴직 이후 마냥 남아도는 시간을 조용한 절망 상태로 그냥저냥 보낸다면 결국 삶의 끝자락에서 "내가 원하는 삶을 살았더라면~"이라는 후회를 남기게 될 것입니다. 인생 후반전에서 당신이 진정으로 원하는 삶을 재발견하여 용기 있게 도전해 보세요.

내면의 힘을 기르고 나쁜 습관들을 확 바꾸어서 '새로운 나'로 환골탈태하는 일부터 우선적으로 시작해 보세요. 몸과 마음의 건강을 총체적으로 재정비해야만 새로운 삶으로 나아갈 수 있는 원천에너지를 확보할 수 있기 때문입니다. 이의 구체적인 방법은 Part II와 III을 참고하시면 됩니다. 아울러 재미있고 의미 있는 나만의 천직을 재발견해서 이를 위한 작은 실천들을 1만 시간 이상 반복할 수 있는 끈기와 용기가 필요합니다. 이의 구체적인 방법은 Part IV와 V를 참고하시면 됩니다. 그 과정에서 기대와 현실이 부합되지 않을 때도 있겠지만 단기적인 결과에만 너무 집착하지 말고 두려움 없이 서두름 없이 새로운 삶으로 나아갑시다!

저자는 이 책이 인생 후반전을 준비하는 모든 분들에게 용기와 희망을 주는 작은 길라잡이가 될 수 있기를 기원합니다. 끝으로 독자 여러분들께 감사의 인사를 드립니다. 부디, 강건하시고 행복하세요. 이 책의 출간을 위하여 물심양면으로 도움을 주신 도서출판 행복에너지의 권선복 대표님께도 감사의 인사를 드립니다.

감사합니다.

2019년 여름
저자 **최주섭** 올림

C · O · N · T · E · N · T

Part Ⅱ 　　　　　　　　　'내면의 힘' 기르기

Part IV　　　　　　　　　　　　　　'나만의 천직' 찾기

Part V   자아실현 길라잡이

Part I

인생 전반전을 마치며

'모든 것은 변한다.'라는 진리에 진정으로 마음 굽히면
인생 후반전에 밀려드는 온갖 침체의 변화에도 불구하고
당황하거나 좌절하지 않고 평정심을 유지할 수 있다.

- 본문 中에서

01장 / 준비되지 않은 퇴직

퇴직자의 심리

"54세인 아버지가 며칠 전 회사에서 퇴직하셨는데, 마음이 혼란스러우신 것 같아 도움을 드리고 싶습니다. 자녀나 부인이 어떤 식으로 도움을 줄 수 있는지 말씀해 주세요."

어떤 대학생으로부터 이런 질문을 받았습니다. 저자도 비슷한 나이에 회사에서 퇴직한 경험이 있으므로 아버지의 입장이 되어 진솔하게 조언해 주었습니다. 아내나 자식이 퇴직한 아버지에게 위로의 말을 건넬 때 아버지는 대체로 어떤 반응을 보일까요?

"괜찮아! 걱정 마! 퇴직해도 난 할 일이 많아! 난 충분히 강해!"

저자도 위와 같이 겉으로 최대한 태연한 척 반응했습니다. 그런데 특별한 대안 없이 평생직장에서 등 떠밀린 아버지는 정말로 괜찮은 걸까요? 직장의 울타리를 벗어났는데도 여전히 할 일은 많고 마음은 충분히 강한 상태일까요? 직장에서 물러난 사람들은 거의 일정한 패턴의 심리변화 과정을 거칩니다. 처음 3개월은 경력에 대한 자부심과 막연한 자신감으로 낙관하다가 약 6개월이 지나면 의기소침해지기 시작합니다. 그리고 약 9개월이 지나면 구직활동의 반복적인 실패로 초조·불안해지기 시작해서 1년이 지나면 거의 예외 없이 분노를 경험합니다. 저자도 이와 똑같은 4단계의 심리변화 과정을 거쳤습니다.

1단계 낙관	2단계 의기소침
• 경력에 대한 자부심과 막연한 자신감 • 직장생활에서 못 했던 것 실행(여행 등) • 1~3개월 유지, 3개월 지나면서 가족과 어색한 관계, 무기력감 생성	• 구직활동 나서지만 좌절 • 반복적인 구직 실패와 자신감 상실 • 안정적이고 좋은 직장 출신일수록 더 의기소침해지기 쉬움

3단계 초조와 불안	4단계 분노
• 재취업 희망 감소로 불안·초조 • 가족에 대한 부양 책임, 자신의 존재 자체에 대한 불안감 • 좌절감·불안감이 분노로 변함	• 옛 직장에 대한 배신감과 같은 구체적 대상 또는 현 사회와 같은 막연한 대상에 대한 분노 • 분노 감정은 퇴직 사유와 무관 • 개인의 지울 수 없는 외상화

저자의 체험에 의하면 퇴직 후 3년간이 정말로 힘들었습니다. 저자는 정년퇴직 후 1~3년을 경과한 5명의 남성들을 대상으로, 그들이 구체적으로 어떤 심리변화를 경험했는지에 대하여 구체적으로 조사했습니다. 6개월에 걸쳐 그들을 수시로 상담하고 관찰한 내용을 기록했으며 반구조화semi-structured 질문지도 작성했습니다. 그들이 평생직장에서 퇴직한 이후에 보편적으로 경험한 심리 현상은 다음의 표와 같습니다.

구분	보편적으로 경험한 심리현상
불안	• 신체능력(성 기능, 체력)의 떨어짐이 확연히 느껴짐 • 황무지에 홀로 서 있는 느낌(소외감) • 사회적 역할 없음에 대한 위축감, 상실감 • 이대로 끝나 버릴 것만 같은 무망감, 회의감 • 우울하고 허망한 기분에 휩싸일 때가 자주 있음 • 악몽을 자주 꿈, 불안정한 수면 • 색다른 의지처(점집 등)를 찾음
무기력	• 과거보다 감정조절이 잘되지 않음 • 새로운 습관(의심, 혼술 등)이 생김 • 뿌연 안개 속을 뚫고 가는 기분(답답함) • 어디론가 멀리 떠나고 싶지만 막상 자신이 없음 • 낙관과 비관 사이를 자주 오락가락함
분노	• 가슴통증, 몸 상태의 불규칙적 변화 • 타인, 前 직장, 사회에 대한 비난, 폭언 • 보복, 저주하고 싶은 대상이 떠오름 • 짜증 내는 횟수 증가, 작은 일에도 화남(소심해짐) • 극단적 상상을 한 적이 있음 • 주변에 믿을 만한 사람이 없음 • 가족이나 지인들로부터 무시당함

저자를 포함하여 회사에서 퇴직한 사람들은 4단계의 심리변화 과정과 특정한 유형의 부정적인 심리현상을 보편적으로 체험했습니다. 철옹성 같았던 사회·경제적인 터전을 갑자기 잃었는데 막상 그것을 대체할 무언가를 빨리 되찾을 수 없기 때문입니다. 또한 퇴직과 함께 예상을 뛰어넘는 침체의 변화들이 갑자기 쓰나미처럼 밀려오기 때문입니다. 저자가 체험했던 변화들에 대하여 제2장에서 자세히 소개합니다.

가족의 심리

"은퇴한 남편을 둔 아내는 그렇지 않은 아내에 비하여 우울증에 걸릴 확률이 70%나 높다." 이는 서울대병원 연구팀이 5천 9백 명의 여성을 대상으로 남편재택스트레스증후군에 대하여 조사(2017)한 결과입니다. 남편재택스트레스증후군이란 퇴직한 남편이 집에 있는 시간이 길어지면서 간섭이 늘고 자유는 줄어 아내가 심한 스트레스를 겪는 증상입니다. 비슷한 용어로 은퇴남편증후군Retired Husband Syndrome이라는 것도 있습니다. 은퇴한 남편을 돌보느라 아내의 스트레스가 높아지면서 신경이 날카로워지는 증상인데 일본에서 1992년에 정신질환으로 분류되었습니다.

일본의 단카이 세대(1947~1949년 사이에 출생한 베이비부머) 남성들은 은퇴증후군을 겪었고 그 부인들은 은퇴남편증후군을 경험했습니다. 단카이 세대가 일본 경제 성장의 주역으로 '일 중심의 삶'을 살았다

는 점에서 우리나라의 베이비붐 세대(1955~1963년생)와 비슷한 특징을
갖고 있습니다.

  100세 시대가 되면서 65세 이상의 황혼이혼도 급증하고 있습니다.
법원행정처『사법연감』에 따르면, 황혼이혼 비율은 2000년 5%, 2010
년 23.8%, 2012년 26.4%, 2015년 30.1%, 2017년 35%로 급증하는 추
세입니다. 한국가정법률상담소의 황혼이혼 상담건수도 2010년 524
건, 2015년 1,520건, 2016년 1,664건으로 꾸준히 늘고 있습니다. 이런
추세라면 베이비붐 세대가 65세로 본격 진입하는 2020년 이후에는
황혼이혼의 비율이 50% 수준에 육박할 것입니다. 이혼 부부 2쌍 중
1쌍이 황혼이혼인 황당한 세상이 되는 것입니다.

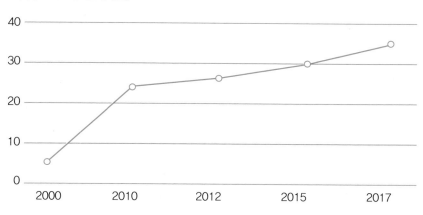

연도별 황혼이혼 변화 추이

%, (황혼이혼 / 전체이혼)

최근에는 졸혼도 늘고 있습니다. 졸혼은 황혼의 부부가 이혼은 하지 않지만 사실상 독립해서 따로 사는 것인데 '결혼을 졸업한다'라는 말의 약칭입니다. 황혼이혼을 하고 싶어도 자식문제 등 복잡한 뒷일이 걸리니까 이를 회피할 목적으로 생긴 것입니다. 어떤 민간 연구소에서 20~49세 남녀 3,616명을 대상으로 조사한 바에 따르면, 전체 여성 중 53.4%, 남성 중 31.8%가 졸혼에 대해 긍정적인 생각을 갖고 있는 것으로 나타났습니다.

황혼이혼과 졸혼이 100세 시대의 새로운 트렌드라도 되는 양 아주 대놓고 추켜세우는 사람도 있습니다. 그러나 저자는 이것이 심리적 방어기제 현상의 하나라고 생각합니다. '하버드대학교 인생발달연구'는 80년간의 연구를 바탕으로 100세 시대 인생 2막의 행복에 영향을 미치는 중요 변인들을 발표했습니다. 이에 따르면 안정적인 결혼이 자아성찰, 평생교육에 이어서 세 번째를 차지하는 중요 변인이었습니다.

황혼이혼은 인생 2막을 경착륙시키는 5대 주요위험의 하나입니다. 미래에셋은퇴연구소가 1,044명의 50~60대 은퇴자들을 조사한 바에 따르면, 황혼이혼은 평균 9,444만 원의 자산손실과 46.2%의 생활비 감소를 초래했으며 노후자금 부족현상을 가장 심하게 가중시키는 위험 요인인 것으로 나타났습니다.

퇴직 후에도 부부가 서로 의지하며 새로운 인생 2막을 헤쳐 가는 것이 바람직하지만 말처럼 쉬운 일이 아닙니다. "부부가 오래 살다 보면 닮는다."라는 말이 있지만 실제로는 그렇지도 않은 것 같습니다. 함께 오래 살다 보니까 먹고 노는 일과 같은 일상적인 생활습관들은 대개 일치하지만 삶에 대한 가치관과 욕구 체계는 크게 다른 경우를 많이 볼 수 있습니다. 오전인생에서 이런 문제들을 겉으로 꺼내지 않고 있다가 오후인생으로 넘어가면서 갑자기 큰 갈등을 겪는 부부들이 많습니다.

황혼이혼의 주요 원인은 무엇일까요? 돈 문제를 예상하는 사람이 많겠지만 이는 전체의 12.7%에 불과했습니다. 황혼이혼의 주요 원인은 성격차이 47.2%, 가정불화 11.2% 등으로 전체의 약 60%가 마음과 관련이 있는 문제였습니다. 가정불화는 노부모 부양문제가 큰 비중을 차지했는데 이는 급속한 고령화 현상을 감안한다면 앞으로 계속 증가될 것입니다.

오후인생에서는 누구나 온갖 침체와 상실의 변화들을 체험하게 됩니다. 따라서 이러한 변화들이 황혼이혼과 같은 또 다른 문제로 악순환되지 않기 위해서는 내면을 성숙시키는 일이 무엇보다도 중요한 과제입니다.

02^장 / 침체의 쓰나미

변화의 다양성

칼 구스타프 융C. G. Jung은 우리나라 사람들이 많이 알고 있는 유명한 심리학자입니다. 그는 분석심리학의 창시자로서 오늘날까지 큰 영향을 끼치고 있으며 중년기의 심리에 대하여도 최초로 관심을 기울인 학자로 잘 알려져 있습니다. 그는 중년기에 마주치게 되는 위기 현상에 대하여 다음과 같은 말을 남겼습니다.

"전혀 준비되지 않은 채 우리는 인생의 오후를 맞이한다. '인생에 대하여 내가 믿고 있었던 진리와 이상이 지금까지와 마찬가지로 남은 인생도 잘 이끌어주겠지?' 라는 부정확한 생각으로 인생의 오후를 맞이한다. 하지만 인생의 아침에 사용하였던 그 프로그램으로는 인생의 오후를 살 수 없다. 아침에는 그토록 위대하였던 진실이 이제 저녁에는 거짓말이 되어 버렸다."

융은 인생의 정오를 40세로 보았는데 지금으로부터 약 100년 전의 일입니다. 따라서 평균수명의 증가를 감안하여 현 시대로 환산하면 50대 초반에 해당됩니다. 저자는 퇴직 후 5년간의 전환기를 경험하면서 융의 이 말이 구구절절 가슴에 와 닿았습니다. 그는 중년기 위기의 원인이 내면, 육체, 환경에 대한 변화들 때문이라고 지적했습니다. 누구나 인생의 오후가 되면 다음과 같은 낯선 변화들이 한꺼번에 밀물처럼 몰려들기 때문에 위기를 맞는다는 것입니다.

• 내면의 변화

삶에 대한 환상에서 깨어남 Life Disillusionment

극복할 수 없는 현실에 대한 실망 The Despair of Unconquerable Realities

지난날에 대한 마음의 상처 The Wounds of the Past

내면의 여성성에 대한 이해 Understanding the Inner Feminine

진정한 자아를 찾음 The Search for the True Self

조언자의 격려 The Blessing of a Mentor

다른 이를 이끌고자 하는 욕구 The Need to Mentor Others

영혼의 깨우침 The Awakening of the Soul

• 육체의 변화

부인할 수 없는 육체의 변화 Undeniable Bodily Changes

성적性的 변화 : 갱년기, 성적 장애 Sexual Changes

직업에 대한 환상에서 깨어남 Career Disillusionment

관계에 대한 환상에서 깨어남 Relationship Disillusionment

자식들과의 관계 변화 Changing Relationship with Children

부모의 나이 듦과 죽음 Aging and Dying Parents

성별에 따라서 요구되는 것들의 변화 Changing Gender Needs

100세 시대를 말하면서 겨우 환갑 언저리에 평생직장을 물러난다는 것은 가슴이 '쿵' 하고 내려앉는 일입니다. 잘나가던 사람이 하루 아침에 퇴물 신세가 되어 뒷방으로 밀려나 앉은 듯한 소외감이 들었습니다. 나의 정체성이라고 믿었던 사회적 지위와 역할은 흔적도 없이 사라졌습니다. 철옹성 같았던 보호막이 철거되고 얇은 가림막조차 없는 황량한 벌판에 홀로 내팽개쳐진 기분이 들었습니다. 마치 짙은 안개 속을 뚫고 운전하는 것과 같은 답답한 마음으로 인생의 오후를 시작했습니다.

우리는 오전인생에서 대개 성취지향적인 삶을 삽니다. 이제 성취는 끝났으며 더 이상의 오름은 없다는 사실을 받아들일 때가 된 것입니다. 예상 못 했던 굵직한 사건들도 곳곳에 도사리고 있었습니다. 늘 옆에 있었던 친구와 선배가 불과 몇 달 사이로 병사하는 일도 일어났습니다. 저자는 그 충격으로 몇 달간 Burn-out 상태에 빠지기도 했습니다. 내 나이도 어느덧 운명의 손길이 뻗칠 때가 되었다는 허탈감과 압박감이 밀려 왔습니다.

인간관계의 침체도 예상을 훨씬 뛰어넘는 수준이었습니다. 실업 상태로 3년이 지나니까 학창시절 친구를 제외하고는 거의 모든 관계가 질적·양적으로 급락했습니다. '그 사람이 이럴 줄 몰랐다', '어디 한 번 두고 보자'라는 식의 억울한 감정을 느낀 적도 있었습니다. 그러나 지난날을 돌이켜서 역지사지해 보면, 저자도 지인들에게 똑같은 방식으로 대했습니다. 인간관계의 무너짐도 상대방을 탓할 문제가 아니라 나이 듦에 따르는 자연스런 변화 현상의 하나일 뿐입니다.

고정수입이 없는 소득절벽 상태에서 곶감 빼먹는 식으로 지내니까 시간이 흐를수록 불안감도 커졌습니다. 또한 신체 기능 및 체력 저하 현상도 피부로 체감할 수 있을 정도였습니다. 그동안 직장생활에 매진하느라 잊고 지냈던 지난날 마음의 상처도 다시 되살아나곤 했습니다. 퇴직 후 거의 무방비 상태로 침체와 상실의 변화들을 체험하면서 우울감과 불안감에 빠져들기도 했습니다.

저자가 체험했던 총체적인 변화와 위기는 퇴직 후에 누구나 겪을 수 있는 보편적인 현상일 수 있습니다. 그러나 '모든 것은 변한다'라는 진리에 진정으로 마음 굽히면 인생 후반전에 밀려드는 온갖 침체의 변화에도 불구하고 당황하거나 좌절하지 않고 평정심을 유지할 수 있습니다.

변화의 역동성

저자는 직장에서 물러나기 5년 전부터 인생 2막을 체계적으로 준비했습니다. 남들에 비하여 준비를 잘한 편이라고 생각했기 때문에 퇴직하더라도 별 문제가 없을 것으로 낙관했습니다. 그런데 실제로 퇴직한 후에는 저자가 그동안 공들여 준비했었던 모든 것들이 물거품이 되어 원점에서 다시 시작할 수밖에 없었습니다. 인생 후반전에 대한 막연한 장밋빛 기대가 여지없이 깨져 버린 것입니다.

저자의 인생 후반전 준비는 대다수 사람들이 생각하는 것처럼 유망자격증을 많이 따 놓는 방식으로 시작되었습니다. 사람들이 대체로 선호하는 자격증, 많은 돈을 들이지 않고도 창업할 수 있는 자격증들을 우선 대상으로 정했습니다. 국민자격증이라고 불리는 공인중개사는 물론이고 가맹거래사(프랜차이즈중개사), 투자상담사 등의 자격증들을 따 놓고 "이만하면 됐겠지? 이 중에 하나라도 써먹을 수 있을 거야"라는 식의 막연한 기대를 갖고 있었습니다.

인문계 출신으로 금융권에서 직장생활을 한 어떤 지인은 저자가 취득했던 자격증들은 물론이고 비전공 분야인 중장비 자격증들까지 따 놓았습니다. 은퇴 후의 불안감을 잠재우기 위해서 그야말로 닥치는 대로 자격증 쇼핑을 한 것입니다. 사람들이 유망하다고 말하는 자격증들을 무작정 따 놓으면 무용지물이 될 가능성이 거의 90%입니다. 인생 후반전에 디딤돌이 되기는커녕 오히려 걸림돌로 작용할 수도 있습니다.

저자는 미리 취득해 놓았던 자격증들과 관련이 있는 업무를 며칠씩 번갈아 가며 실제로 체험해 보았습니다. 그 결과 내가 좋아하는 일도 재미있는 일도 잘할 수 있는 일도 아니라는 냉엄한 현실을 뒤늦게 알게 되었습니다. 그래서 저자는 모든 자격증들을 미련 없이 폐기 처분하고 원점에서 다시 시작했습니다.

저자는 많은 사람들이 그러하듯이 직장 생활 말년에 전원생활의 꿈도 갖고 있었습니다. 직장 일에 대한 성취감과 피로감, 어느 정도의 경제적 여유, 어린 시절의 향수 등이 복합적으로 작용했기 때문이었던 것 같습니다. 승용차에 온갖 장비들을 실어 놓고 주말마다 나무도 심고 땅도 고르며 전원생활의 꿈을 꾸었습니다. 그런데 저자가 실제로 퇴직한 후에는 과연 어떻게 변화되었을까요? 전원생활의 꿈을 간직한 채 열성적으로 가꾸었던 작은 텃밭은 현재 잡초만 무성하게 자라고 있을 뿐입니다.

모든 것은 시간이 흐르면서 변하기 마련입니다. 나 자신도 변하고 타인들도 변하고 생활환경도 변화합니다. 그런데 중요한 것은 이런 변화들이 예상을 훨씬 뛰어넘는 수준으로 매우 역동적이라는 사실을 모르고 있다는 점입니다. 저자의 인생 후반전 준비가 완전히 빗나가 버린 결정적인 이유는 과연 무엇일까요? 그것은 바로 저자가 '변화의 역동성'에 대하여 무지하고 무관심했기 때문입니다.

하버드대학교 심리학과 교수이며 긍정심리학자인 댄 길버트Dan Gilbert의 '변화의 역동성'에 관한 흥미 있는 강연 내용을 소개합니다. 아래 그림은 '사람들이 평소에 변화의 정도에 대해서 어떻게 예상하고 있는지' 그리고 '그 예상과 실제의 결과 사이에는 어느 정도의 차이가 발생되는지'를 나타낸 그래프입니다.

시간의 경과에 따라서 삶의 가치관, 생활 여건 등이 예상 외로 크게 변화했습니다. 아래의 선은 10년 후에 얼마나 변화될지를 현재 시점에서 예상한 것입니다. 위의 선은 10년이 흐른 뒤에 실제로 변화된 결과를 나타낸 것입니다. 변화에 대한 예상과 결과의 차이가 두 배 이상 크게 나타난다는 사실을 한눈에 확인할 수 있습니다. 이

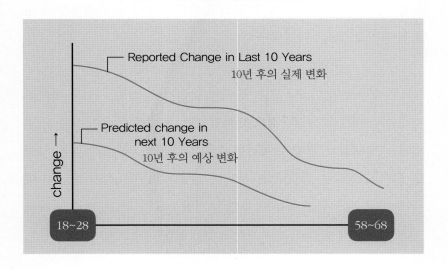

길버트의 TED 강연 자료

그래프는 "우리는 시간의 강력한 힘은 과소평가하고 자신의 힘은 과대평가하며 환상 속에서 살아가고 있다."라는 점을 시사합니다.

저자가 자격증을 따고 전원생활을 준비했던 그 당시에는 낙관적으로만 보였던 모든 상황들이 시간이 흐르면서 크게 달라졌습니다. 삶의 가치관도 변했고 생활여건도 예상했던 것과는 다르게 변했습니다. 원인이 변하면 결과도 변하기 마련입니다. 따라서 과거에는 그럴듯했던 것들도 시간이 흐르면서 전혀 엉뚱한 방향으로 변화될 수 있습니다. 이런 이유로 인하여 인생 후반전 준비의 실패 현상은 저자만의 특별한 경험이 아니라 많은 사람들이 겪게 되는 보편적인 현상이라고 말할 수 있습니다.

우리나라 직장인들의 대다수는 인생 후반전에 대한 준비가 제대로 되어 있지 않은 상태에서 퇴직합니다. 금융기관에서 발표한 자료들을 종합하면 "노후 준비가 잘되어 있다."라고 응답한 비율이 대략 25% 정도에 불과합니다. 긍정적으로 대답한 25%의 준비된 사람들도 막상 퇴직을 하고 나면 저자의 경우처럼 '변화의 역동성' 때문에 모든 준비가 물거품이 되어 버릴 가능성이 높습니다.

많은 사람들이 인생 후반전 준비는 빠를수록 좋다고 말하는데, 이는 원칙적으로 맞는 말이겠지만 반드시 그런 것만도 아닙니다. 오래 준비했다고 해서 낙관하거나 자랑할 필요도 없습니다. 반면에 준비가 덜 돼 있다고 해서 너무 두려워하거나 조급해지면 돌이킬 수 없는 실수를 초래할 가능성이 커집니다.

  '변화의 역동성'을 감안하지 않은 '남들 따라 하기 식의 준비'는 인생 후반전에 오히려 걸림돌이 될 가능성이 높습니다. 인생 후반전으로의 생애 대전환은 견딤과 기다림의 공백기간을 필요로 하며 이 공백기를 통하여 가치관, 생활 여건, 실현 가능성 등에 대한 모든 역동적인 변화들을 제대로 알아차리고 새로운 관심분야(천직)를 원점에서 재발견 할 수 있게 됩니다.

03^장 다섯 가지 위험

다섯 가지 위험

미래에셋은퇴연구소가 50~60대 은퇴자 1,044명을 조사한 바에 따르면, 전체 응답자의 약 74.2%가 아래의 다섯 가지 위험 중에 하나 이상을 경험한 것으로 나타났습니다. 무려 네 명 중에 세 명이 이에 해당되며 실제로 주변 사람들의 사례를 통해서도 이런 현상을 쉽게 발견할 수 있습니다. 아래와 같은 주요 위험에 노출되면, 인생 후반전은 순식간에 경착륙될 가능성이 높습니다.

나이 들어서 중대질병에 걸리지 않고 사업에 망하지 않고 사기를 당하지 않는 것 자체가 행복의 필수요건 아니겠습니까? 따라서 내게 발생 가능한 주요 위험은 무엇인지를 짚어 보고 구체적인 개선책을 마련하는 일이 필요합니다. 골치 아프고 껄끄럽다고 회피한다면 그것은 당장을 모면하기 위한 속임수에 불과할 뿐입니다.

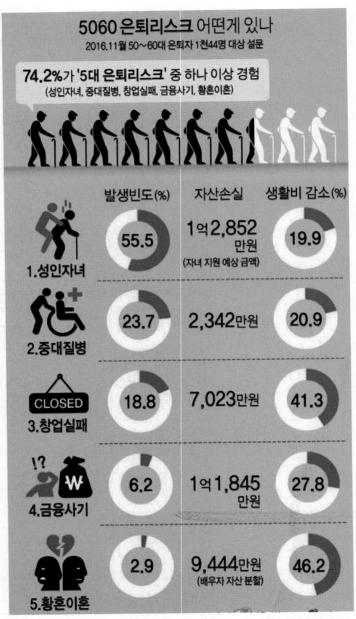

5060 은퇴리스크 어떤게 있나
2016.11월 50~60대 은퇴자 1천44명 대상 설문

74.2%가 '5대 은퇴리스크' 중 하나 이상 경험
(성인자녀, 중대질병, 창업실패, 금융사기, 황혼이혼)

	발생빈도(%)	자산손실	생활비 감소(%)
1.성인자녀	55.5	1억2,852만원 (자녀 지원 예상 금액)	19.9
2.중대질병	23.7	2,342만원	20.9
3.창업실패	18.8	7,023만원	41.3
4.금융사기	6.2	1억1,845만원	27.8
5.황혼이혼	2.9	9,444만원 (배우자 자산 분할)	46.2

자료: 미래에셋은퇴연구소

시사점

• 중대질병 _____

　인생 후반전의 시작인 오륙십 대에 중대질병을 경험한 사람이 무려 네 명 중 한 명이나 될 정도로 발생빈도가 높습니다. 중대질병이란 사망률이 매우 높은 질환으로서 악성종양(암), 심뇌혈관계질환, 폐질환, 고혈압, 당뇨병 등이 이에 해당됩니다. 이 질병들은 과거에 성인병으로 불렸는데 지금은 생활습관병이라는 용어로 바뀌었습니다. 한마디로 말해서 중대질병의 원인이 나쁜 생활습관과 밀접한 관련이 있다는 뜻입니다.

　나쁜 생활습관은 오래전에 만들어져서 지금까지 수십 년간 계속 강화되어 왔습니다. 이런 식으로 별 생각 없이 지내다가 중대질병 선고를 받고 나면 그제서야 가족들까지 총동원되어 호들갑을 떨기 일쑤입니다. 100세 시대를 살면서 기껏 60을 전후한 나이에 중대질병을 선고 받는다면 인생 후반전에 대하여 무슨 할 말이 있겠습니까? 인생 후반전을 시작하면서 오래된 나쁜 습관을 바꾸는 것은 선택이 아니라 의무입니다. 이에 대한 세부 실천방법을 17장에서 자세히 소개합니다.

• 창업실패 _____

　통계청이 만 55~64세 4,232명을 대상으로 조사한 바에 따르면, 우리나라 직장인들은 59세 이전에 91.6%(남자 88.8%, 여자 93.8%)가 퇴직합니다. 이들의 32.4%가 창업을 하는데 실패율은 무려 74.2%에 달합니다. 열 명이 창업하면 일곱 내지 여덟 명이 망한다는 이야기입니다. 미래에셋은퇴연구소에 따르면 50~60대 퇴직자의 창업실패로 발생되는 평균 자산손실액은 약 7천만 원입니다. 그렇지 않아도 부족한 노후자금을 창업실패로 왕창 잃는다면 인생 후반전이 과연 어떤 모습으로 굴러가겠습니까?

퇴직 후 창업을 하면 무조건 안 된다는 이야기가 아닙니다. 퇴직 후 창업을 해서 성공한 사례들도 있습니다. 중요한 것은 창업에 이르게 된 동기와 그 결정 과정입니다. 남들이 유망업종이라고 말하는 것만 믿고 즉흥적으로 따라가는 창업, 남이 잘되니까 나도 한번 해보겠다는 식으로 뛰어드는 창업, 사업경험이 없으므로 프랜차이즈 가맹점을 열면 안전할 거라는 생각으로 무작정 뛰어드는 창업, 이런 식의 준비 안 된 창업이 실패율을 높이는 원인입니다. 따라서 나에게 알맞는 천직을 찾는 방법에 대하여 PART Ⅳ에서 소개합니다.

• 금융사기

미래에셋은퇴연구소에 따르면 50~60대 금융사기 피해의 발생빈도는 6.2%로서 비교적 낮은 수치로 나타났습니다. 그러나 금융사기는 피해자가 피해사실을 있는 그대로 밝히지 않는 속성이 있으므로 실제로는 그 발생빈도가 더 높을 것으로 추정됩니다. 또한 금융사기에 의한 평균 피해액이 약 1억 2천만 원으로 되어 있는데 이 또한 마찬가지입니다. 실제로 금융사기의 대표적인 유형인 폰지 사기에 걸려서 퇴직금을 포함한 전 재산을 날리고 가정이 파탄나는 경우를 주변에서 종종 보았습니다.

퇴직하면 지인들로부터 달콤쌉싸름한 제안을 들을 때가 있습니다. 고정수입은 끊기고 시간은 흐르니까 불안한 마음에 솔깃해지기 마련입니다. 우리는 자기 자신의 능력과 판단을 과대평가하는 경향이 있습니다. 따라서 "다른 사람은 몰라도 나는 절대로 사기당하지 않는다."라고 자신합니다. 이런 사람일수록 오히려 사기를 당하기 쉽습니다. 또한 금융사기는 가족 구성원 모두에게 해당되는 일입니다. 돈을 쉽게 벌려고 발 한번 잘못 들여놓으면 천 길 낭떠러지로 추락합니다. 금융사기 문제에 대하여 29장에서 자세히 소개합니다.

• 황혼이혼

황혼이혼 문제는 1장에서 이미 이야기 했습니다. 주요 통계만 다시 요약하면 황혼이혼에 의한 평균 자산손실액은 약 9천 5백만 원, 생활비 감소율은 약 46.2%로서 노후준비에 가장 큰 영향을 미치는 위험 중 하나입니다. 또한 전체이혼에서 차지하는 황혼이혼 비율이 2017년 말 약 35%이며 2020년대에는 50% 수준까지도 육박할 것으로 추정됩니다. 따라서 황혼이혼은 이제 어떤 특별한 사람만의 문제가 아니라 바로 나의 문제가 될 수 있습니다.

어떻게 하면 황혼이혼의 위험을 예방하고 나이 들수록 더 안정적인 부부관계를 유지할 수 있을까요? 이는 삶에 대한 가치관, 생활 방식, 경제적 여건, 성격, 가족관계 등 모든 영역에 걸쳐서 영향을 받는 문제이기 때문에 단정적으로 말할 수 있는 것은 아닙니다. 저자는 몸과 마음의 건강을 유지하면서 사회적 역할을 재설정하는 문제가 가장 중요한 변수라고 보며 이 책의 전체에 걸쳐서 이에 관한 구체적인 전략을 소개하고 있습니다.

04^장 여가와 일의 관계

여가 활동

     정년퇴직을 앞둔 지인에게 인생 후반전 계획을 물었더니 이렇게 대답했습니다. "연금으로 생활하면 되니까 취미생활이나 하려구요." 경제적 노후준비가 비교적 잘되어 있는 사람들은 이런 식으로 대답하는 경우가 많습니다. 그런데 여가 활동만으로 약 40년에 걸친 인생 후반전 전체를 커버할 수 있을까요? 평균 수명이 짧았던 과거에는 환갑 언저리에 은퇴하여 여가 활동으로 소일하면서 약 10~15년의 여생餘生을 마무리했습니다.

     퇴직한 지인 중에 캠핑카 여행으로 인생 후반전을 시작한 분이 있는데 처음에는 행복하다고 무척 자랑하더니만 불과 2년도 채우지 못했습니다. 일과 삶을 동일시하는 방식으로 살아오다가 여가 활동만으로 수십 년의 인생 후반전을 채운다는 것은 쉬운 일이 아닙니다. 남들이 한창 일하는 시간에 골프나 여행을 즐길 수 있다고 자랑하겠지만, 속으로는 "이게 아닌데 이게 아닌데~" 하는 생각이 일어나기 마련입니다. 나 홀로 백수생활을 오래 하게 되면 내면에서 상실감, 권태감, 소외감이 커질 수밖에 없기 때문입니다.

과거에는 인생살이의 과정을 연령분할적인 관점으로 보았습니다. 청년기에는 공부, 성인기에는 일, 노년기에는 여가 활동만 중시하는 방식입니다. 요즘은 연령통합적인 관점이 대세인데 특히 100세 시대가 되면서 노년기의 일도 중요시되고 있습니다. 학습-일-여가를 따로 구분해서 보는 것이 아니고 시기별로 비중만 약간씩 조정하는 것입니다. 노년기에는 여가 활동의 비중을 높이면서 학습과 일도 병행해야 균형 잡힌 행복한 삶을 살 수 있습니다.

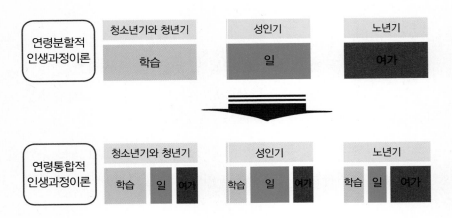

일의 중요성

　　은퇴설계전문가로 유명한 미국의 리처드 J. 라이더 박사는 수만 명의 은퇴자들을 인터뷰한 결과를 몇 년 전 서울은퇴포럼에서 발표한 적이 있습니다. 그에 따르면 미국의 베이비부머 은퇴자들은 "인생 2막에서는 젊었을 때 해 보지 못한 리스크를 감수하며 용기를 내어 새로운 일에 도전하라. 나에게 맞는 일을 찾으라."라고 공통적으로 강조했다고 합니다.

　인생 후반전에서 무슨 일을 하면 좋을까요? 어디서 무슨 일을 하든 돈만 벌면 된다는 식으로 접근하면 결국 삶의 균형이 깨져서 불행해집니다. 은행 간부로 정년퇴직한 지인 중에 유치원 통학버스를 운행하는 분이 있습니다. 그는 젊은 학부모들의 갑질 때문에 늘 화가 나 있고 불만을 입에 달고 삽니다. 일을 통하여 돈은 벌지만 삶은 불행한 방향으로 굴러가고 있는 셈입니다.

　이처럼 '돈을 벌기'와 '삶을 살기'가 반대 방향으로 굴러가면 불행하고 지속 가능성도 떨어집니다. 젊을 때는 이런 문제를 신경 쓰지 않아도 괜찮았습니다. 학교를 졸업하고 취직하고 결혼하고 아이 낳아 기르고 진급하면서 '돈을 벌기'와 '삶을 살기'가 저절로 균형을 이루며 굴러왔기 때문입니다. 그러나 인생 후반전에서는 이런 문제가 저절로 해결되지 않습니다.

　남들이 보기에 거창하고 그럴듯한 일을 해야 한다는 이야기가 아닙니다. 저자의 또 다른 지인(이분도 은행간부로 정년퇴직)은 앞의 사례와 똑같은 일(유치원 통학버스 운행)을 하고 있습니다. 그는 일에 대한 행복도가 높아서 저자가 보기에도 인생 후반전을 활력 있게 잘 살아가고 있습니다. 그는 자신의 일을 어린 천사(유치원생)를 돕는 의미 있고 재미있는 일이라고 규정하면서 자신을 '천사 도우미'로 자부하고 있습니다. 똑같은 일을 똑같은 환경에서 하고 있는데 누구에게는 지옥이고 누구에게는 천직이 될 수 있다는 것입니다.

일 대신에 봉사활동을 원하는 퇴직자들도 많습니다. 부부가 일부러 때를 맞추어 동시에 정년퇴직한 지인이 있습니다. 동시에 퇴직하면서 연금을 두 배로 받을 수 있으니까 인생 후반전은 남들보다 부드럽게 진행되겠지요. 그러나 저자를 포함한 대다수의 퇴직자들은 경제적인 노후준비가 부족한 상태이므로 셀프부양을 위한 지속적인 경제활동이 필요합니다.

저자가 그 부부에게 인생 후반전의 계획을 물었더니 "여행 좀 다니다가 나중에 봉사 활동이나 해 볼 생각이다."라고 대답했습니다. 이처럼 인생 후반전에서 봉사 활동을 원하는 사람들이 많은 이유는 무엇일까요? 우리가 인생 후반전에서 욕심을 내려놓고 살기로 작정해도 사회적인 관계와 맥락으로부터 완전히 발을 뺀 채 살아갈 수는 없습니다. 사회적으로 쓸모없는 퇴물로서 평가받는 것은 누구나 원치 않는 일입니다. 따라서 인생 후반전에 어떤 새로운 일을 하지 않더라도 봉사 활동과 같은 의미 있는 역할을 통해서 자존감을 유지하려는 심리적인 욕구가 내면의 밑바탕에 깔려 있습니다.

　봉사 활동은 좋은 것이니까 마음만 먹으면 언제든지 쉽게 할 수 있는 걸까요? 어느 대학의 호스피스 병동에서 초심을 유지하면서 오랫동안 봉사 활동을 한 훌륭한 선배가 있습니다. 이 선배는 특별히 예외적인 사례입니다. 실제로 대부분의 퇴직자들은 자신이 잘할 수 있는 봉사활동에 제대로 연결되지 못하고 있습니다. 종교 이외의 일반 시설에서 자신이 원하는 봉사 활동을 찾는 것조차도 쉬운 일이 아닙니다. 대다수의 퇴직자들은 봉사 활동에 대한 막연한 기대만 갖고 있다가 결국 흐지부지 끝나 버리기 일쑤입니다.

　저자는 '인생 후반전을 어떻게 준비할 것인가?'를 주제로 공공도서관 등에서 교육 봉사 활동을 꾸준히 펼치고 있습니다. 오로지 봉사 활동에만 전념하는 것은 아니고 50:50의 비중으로 일반 기업 대상의 유료 강연도 진행하고 있습니다. 저자에게 있어서 봉사 활동은 다양한 의미가 있습니다. 봉사 활동은 삶의 만족도를 높여 주고 자기계발과 경제적인 노후준비에도 도움을 줍니다. 이처럼 봉사 활동도 자신의 강점과 잠재력을 사회적으로 의미 있게 잘 활용해야만 유지될 수 있습니다. 내가 진정으로 재미있게 잘할 수 있는 봉사 아이템을 골라서 상당 기간의 체계적인 준비과정을 거쳐야 합니다. "나중에 할 일이 없으면 봉사 활동이나 한다."라는 식으로 쉽게 생각할 문제가 아닌 것입니다.

인생 전반전을 마치며

05^장 '내려놓음'에 대하여

진정한 내려놓음

휴대폰을 정리하다가 반가운 이름 하나를 발견했습니다. 그는 동네의 테니스 동호회에서 함께 활동하다가 이사를 간 지인인데 오랫동안 연락을 끊고 지냈습니다. 저자는 설레는 마음으로 전화를 걸었는데 그의 목소리를 듣는 순간 활력이 없음을 금방 눈치챘습니다. 그는 "5년 전에 교직에서 은퇴했는데 지금은 다 내려놓고 마음을 비웠다."라고 말했습니다. 이처럼 환갑 언저리에 있는 사람들이 세상살이를 마치 달관한 듯 말하는 경우를 종종 봅니다. 저자는 그들이 어떤 관점에서 그렇게 말하는 것인지 궁금합니다.

많은 퇴직자들이 인생 후반전에서 재취업을 시도하지만 반복적인 실패를 경험합니다. 운이 좋아 재취업이 되어도 그리 길지 않은 기간 동안 임시직과 실업 사이를 오락가락하다가 결국 한계 상황에 이르게 됩니다. 그럴 때 "이제는 다 내려놓고 마음을 비웠다."라고 말합니다. 또한 건강이 악화돼서 사회생활이 어려운 상태가 되었을 때도 이런 식으로 말합니다. 이런 것이 과연 진정으로 내려놓고 마음을 비운 것일까요? 어쩔 수 없는 절망 상태를 합리화하려는 일종의 방어기제라고 보는 것이 더 정확하지 않을까요?

돈, 지위, 명예 등의 성공에 대한 욕심은 여전한데 현실적인 여건이 따르지 못하니까 어쩔 수 없이 절망하고 체념하는 것은 진정한 의미에서의 내려놓음이 아닙니다. 그것은 부정적인 마음현상의 하나로서 또 다른 고통의 씨앗을 심는 일이 될 수 있습니다. 인생 후반전에서는 진정한 의미에서의 내려놓음이 필요합니다. 그것은 삶의 목표를 성공 중심에서 행복 중심으로 바꾸는 것입니다. 또한 그것은 외적 성장만을 중시하는 삶의 방식에서 벗어나 내면을 튼실하게 하는 삶의 방식으로 바꾸는 것입니다.

우리는 오전인생에서 성공을 목표로 쉼 없이 달려왔습니다. 성공이란 일반적으로 돈, 명예, 지위와 같은 외적 욕구를 이루어 내는 것입니다. 성공하는 과정에서 건강을 잃거나 가족을 포함한 인간관계가 엉망진창으로 망가진다면 '성공한 실패자'에 다름 아닐 것입니다. 사업가로서 돈을 많이 번 어떤 지인은 가족으로부터 골칫덩이 취급을 받고 있습니다. 돈과 명예에 대한 집착이 너무도 강하기 때문입니다. 그의 행태는 2019년 초에 방영되었던 'SKY 캐슬'이라는 드라마에서 피라미드를 보며 집착하던 주인공과 닮았습니다.

호스피스 운동의 선구자였던 엘리자베스 퀴블러 로스Elizabeth Kubler Ross에 따르면, 삶의 끝자락에 있는 사람들이 가장 많이 남긴 후회는 "나는 돈의 노예였어! 나는 내가 하고 싶은 일을 한 적이 없어!"라는 것이었다고 합니다. 그들의 후회로부터 얻을 수 있는 교훈은 수많은 사람들이 죽음의 문턱에 이르러서야 비로소 '성공한 실패자'로 살아왔음을 알아차리고 진정으로 후회하게 된다는 것입니다.

경험의 유연성

공공기관에서 고위직 임원으로 은퇴한 어떤 지인은 자신의 경험을 사회적으로 재활용할 수 없는 현실이 매우 안타깝다고 만날 때마다 흥분합니다. 이처럼 나이 든 사람들은 자신이 오랫동안 쌓아 온 경험의 가치를 일반적으로 과대평가하기 일쑤입니다. 또한 그는 자신의 소중한 경험을 후배들이 귀담아 듣지 않는 분위기에 대해서도 늘 불평합니다. 실제로 많은 젊은이들이 선배들의 경험을 무시하거나 평가절하하기도 합니다.

우리들이 그동안 쌓은 경험이란 것이 지금의 시점에서 사회적으로 과연 얼마나 큰 가치가 있을까요? 직업의 종류와 일의 성격에 따라서 천차만별이겠지만 저자의 경우는 거의 제로 수준에 가깝다고 생각합니다. 저자는 금융권에서 28년간 근무했는데 그 당시의 지식과 경험이 5년이나 지난 현재의 시점에서 업무적으로 무슨 도움이 되겠습니까? 제가 만약 과거의 경력을 근거로 아직도 금융전문가를 자칭한다면 우스꽝스런 일이 될 뿐입니다.

　과거의 상황에 맞도록 그때그때 만들어졌던 경험을 현재의 시점에서 남들에게 그대로 적용하려고 밀어붙이는 것이 고정관념입니다. 고정관념은 개인적·시대적인 다양성과 차이를 무시하고 자신의 경험을 타인에게 일반화하려는 관념입니다. 젊은이들은 고정관념이 강한 사람들에게 진절머리를 내면서 꼰대라고 비하하여 부르기도 합니다.

　옳고 그르고 좋고 나쁜 것은 늘 변화하는 개인적·시대적인 조건에 따라서 다를 수밖에 없습니다. 따라서 나의 경험은 타인에게 도움을 줄 수도 있지만 대부분의 경우에는 쓸모없는 고정관념에 불과하다는 사실을 쿨하게 인정해야 합니다. 생애 전환기를 거치면서 모든 상황이 크게 바뀌었으니까 이제는 한마음 바꾸어 다른 관점으로 바라볼 수 있는 여지를 열어 놓아야 합니다. 오래된 경험의 가치를 현대적인 관점으로 재평가하고 새로운 경험도 긍정적으로 수용할 수 있는 '경험의 유연성'이 필요합니다.

06^장 그래프로 보는 인생

인생 그래프

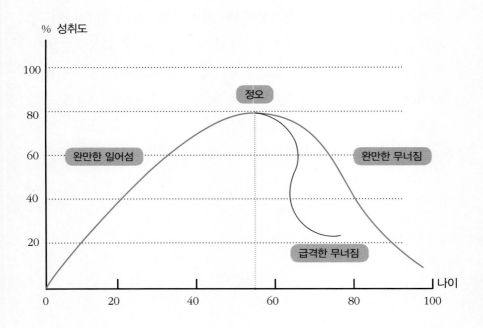

% 성취도

완만한 일어섬

정오

완만한 무너짐

급격한 무너짐

나이

앞의 그림은 저자의 '인생 그래프'입니다. X축은 '나이'로서 100세 시대를 반영했으며 Y축은 삶의 성취도를 백분율(%)로 표시했습니다. 성취도란 돈·명예·지위와 같은 외적성장의 정도를 주관적으로 나타낸 것입니다. 저자는 평생직장에서 물러난 때가 인생의 정오이며 정오를 기준으로 왼쪽은 오전인생이고 오른쪽은 오후인생입니다. 인생의 오전과 오후는 정오를 기준으로 서로 다른 방향성을 갖고 진행되는 모습입니다.

위와 같이 Y축에 성취도를 놓고 인생 그래프를 그리면 일반적으로 오전인생은 우상향하고 오후인생은 우하향하는 모습이 됩니다. 삶을 외적성장의 관점에서 본다면 오전인생은 채움과 일어섬으로, 오후인생은 비움과 무너짐의 원리로 진행된다는 의미입니다. 우리가 욕망을 끊임없이 성취하며 피라미드 꼭대기를 계속 올라갈 수는 없습니다. 인간은 누구나 생로병사에 의하여 조건 지워진 삶을 살아가는 존재이기 때문입니다.

위의 인생 그래프를 보면 우리가 인생 후반전을 어떻게 살아야 할 것인가에 대한 시사점을 발견할 수 있습니다. 첫 번째 시사점은 행복의 관점에 대한 것입니다. 우리는 오전인생에서 '성공해야 행복한 것'으로 알고 살았습니다. 오후인생에서는 '행복해야 성공한 것'으로 관점을 바꾸어야 합니다. Y축을 성취도 대신에 행복도로 바꾸고서 과연 어떻게 사는 것이 진정으로 행복한 삶이 될 것인가에 대하여 생각해 보아야 합니다.

인생 전반전을 마치며

인생 후반전으로 넘어가는 전환기에는 새로운 삶이 다시 시작된다는 것에 대한 기대감보다는 좋은 시절이 끝났다는 상실감이 더 강하게 듭니다. 지금까지 쉼 없이 쌓아 올린 성취를 멈추는 것에 대한 미련이 남기 때문입니다. 삶이 갑자기 침체의 방향으로 전환되는 것에 대하여 마음은 저항하고 괴로워합니다. 따라서 우리는 과거와 미래의 두 영역에 양다리를 걸친 채 갈팡질팡합니다. 생애전환기는 침체로의 변화를 있는 그대로 수용하면서 앞으로 삶의 방식을 어떻게 바꿀 것인가에 대한 진지한 성찰이 필요한 때입니다.

두 번째 시사점은 인생의 연착륙에 관한 것입니다. 위의 그래프를 보면 오후인생에 두 갈래의 길이 있는데, 우리는 결국 이 둘 중에 하나의 길을 걷게 될 것입니다. 하나는 '완만한 무너짐으로 연착륙하는 길'이고 다른 하나는 '급격한 무너짐으로 경착륙하는 길'입니다. 우리는 누구나 인생이 부드럽게 연착륙될 수 있기를 희망합니다.

오전인생에서 아무리 성공한 삶을 살았다고 하더라도 오후인생에서 존재 자체가 경착륙해 버린다면 무슨 소용이 있겠습니까? 경착륙하는 인생 후반전을 살지 않기 위한 첫 번째 요건은 두말할 것도 없이 건강 관리입니다. 많은 사람들이 건강 관리에 대하여는 박사급이라고 자부하지만 실제로는 그렇지도 않습니다. 건강 관리라고 하면 운동을 하고 먹거리를 조심하는 일에만 관심을 기울이는 정도입니다.

오전인생에서는 마음건강에 신경을 쓰지 않아도 별 문제가 없었지만 오후인생에서는 다릅니다. 신체건강은 나이 듦에 따라 어쩔 수 없는 물리적인 한계가 있지만 마음건강은 오히려 그 반대일 수 있습니다. 하버드대 인생발달연구도 인생 2막의 행복에 영향을 미치는 제 1변인으로 마음건강 문제를 제시했습니다. 몸과 마음은 하나로 연결되어 있습니다.

알렉산더 테크닉으로 유명한 리처드 브레넌Richard Brennan은 "몸과 마음의 감정은 본질적으로 하나이다. 각자 개별적으로 영향을 주고 있다고 생각하겠지만 이들은 서로 다르게 보일 뿐 같은 본질의 것들로 이루어져 있다. 몸에 어떤 변화를 주면 생각과 느낌도 변화한다. 반대의 경우도 마찬가지이다."라고 말했습니다. 현대 의학에서도 몸과 마음의 상호작용을 기반으로 하는 정신신체의학이 전인적인 치료수단으로의 입지를 강화하고 있는 중입니다.

오후인생에서는 건강관리 패러다임을 아래 그림과 같이 바꾸어야 합니다. 마음건강이 신체건강과 동일한 비중으로 커져 있고 어깨동무를 한 채 한 덩어리로 연결되어 있습니다.

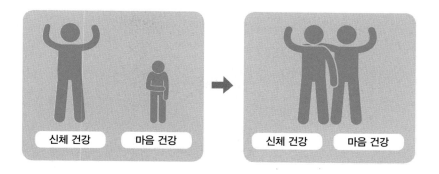

인생 전반전을 마치며

U자형 행복곡선

인생 후반전은 전반적인 침체와 함께 시작됩니다. 사회적인 지위와 역할을 상실하면서 일 중심으로 맺어진 인간관계는 양적·질적으로 급격히 무너집니다. 체력도 약해지고 경제적인 불안감도 날이 갈수록 커집니다. 이처럼 전환기에는 낯선 변화와 위기들이 한꺼번에 밀물처럼 밀어닥칩니다. 그렇다면 우리는 나이 들수록 점점 불행해질 수밖에 없는 걸까요? "인간은 나이 들수록 행복해질 수 있다."라는 희망적인 메시지가 있습니다.

심리학자 칼스텐슨L. Carstensen은 행복과 나이의 상관관계를 U자형 이론으로 발표한 바 있습니다. 인간의 행복도는 40~50대쯤 바닥을 친 후에 다시 상승하여 80세 언저리에서 정점을 찍는다는 것입니다. 이 주장에 선뜻 동의하기 어렵겠지만 이와 비슷한 주장을 하는 심리학자들도 많습니다. 하버드대학교 생애발달연구도 "인간의 삶은 노년에도 계속 발전할 수 있으며 때로는 젊은 시절보다 더 만족스럽게 살 수 있다."라고 발표한 바 있습니다.

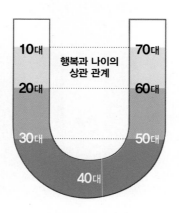

100세의 나이에도 불구하고 활발한 저술 및 강연 활동을 펼치고 있는 철학자 김형석 교수님도 "80세 언저리가 인생에서 최고 황금기였다."라고 회고한 바 있습니다. 또한 서울대학교 행복연구센터가 발표한 자료(2019)에 의하면, 우리나라 연령대별 행복지수도 실제로 완만한 U자형 커브를 보이고 있는 것으로 나타났습니다. 다만 20~30대의 행복지수가 가장 낮게 나타난 것은 청년 실업 등 최근의 사회현상과 관계가 있는 것으로 추정됩니다.

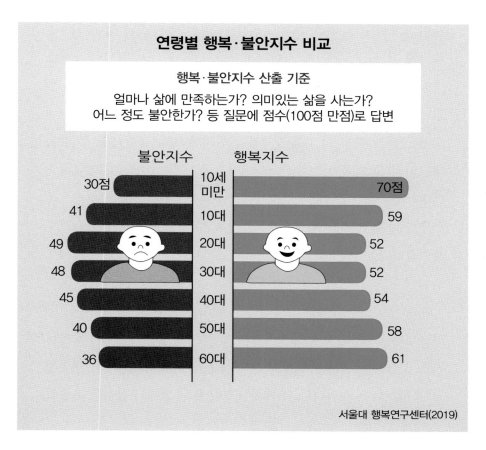

연령별 행복·불안지수 비교

행복·불안지수 산출 기준
얼마나 삶에 만족하는가? 의미있는 삶을 사는가?
어느 정도 불안한가? 등 질문에 점수(100점 만점)로 답변

불안지수		행복지수
30점	10세 미만	70점
41	10대	59
49	20대	52
48	30대	52
45	40대	54
40	50대	58
36	60대	61

서울대 행복연구센터(2019)

나이 듦에 따라서 모든 사람이 자동으로 U자형 행복곡선을 따라가는 것은 아닐 것입니다. 통계청의 연령대별 사망 통계에 따르면 오후인생에서 경착륙하는 비율이 약 25%, 즉 네 명 중에 한 명입니다. 나머지 75%의 상당수도 U자형이 아닌 L자형 모습으로 살아갑니다. 우리가 U자형 행복곡선을 따라 인생 후반전을 살기 위해서는 어떤 요건이 필요할까요? 저자는 다음의 두 가지가 가장 중요한 핵심요건이라고 생각합니다.

첫째는 '내면의 힘'을 기르는 것입니다. 이는 위에서 말한 마음건강의 문제와 같은 맥락입니다. 우리는 인생 후반전으로 넘어가는 전환기에 직업, 정체성, 체력, 인간관계 등 모든 면에서 침체와 상실을 경험합니다. 이러한 시련에 압도당하지 않으려면 건강한 심리적 웰빙 상태를 유지하는 것이 중요합니다. 삶 속에서 온갖 시련을 당해도 꿋꿋하게 다시 치고 올라가거나 심지어 더욱 충만해질 수 있는 내면의 힘을 회복탄력성Resilience이라고 합니다. 긍정심리학자 매스텐Masten은 이를 "중대한 역경이나 어려움에 처했을 때 긍정적으로 적응하는 것"이라고 말했으며 "일상의 마술Ordinary magic"이라고도 불렀습니다.

회복탄력성이 큰 사람은 전환기의 위기를 있는 그대로 수용할 수 있습니다. 또한 그것에 긍정적 의미를 부여할 줄 아는 지혜와 에너지가 있습니다. 회복탄력성이 크다는 것은 마음의 근력 즉 '내면의 힘'이 강하다는 것입니다. 생애전환기의 온갖 침체와 상실은 고통스런 일이 분명하지만 다른 한편으로는 '내면의 힘'을 기르기 위한 시기적절한 연료가 될 수 있습니다. '내면의 힘'은 인생 후반전을 위하여 필요한 원천에너지입니다.

둘째는 천직을 원점에서 재발견하는 일입니다. 노후자금이 충분하다고 해서 사회로부터 완전히 발을 뺀 채 빈둥거리며 수십 년을 그냥저냥 흘려보낼 수는 없습니다. 헬렌 켈러의 말처럼 "참된 행복은 가치 있는 목적에 충실함으로써 얻어지는 것"이라고 생각합니다. 100세 시대를 감안하면 60세는 아직 젊으니까 일을 계속해서 돈도 벌고 사회적 지위도 챙겨야 한다는 뜻이 아닙니다. 인생 전반전에서 성취지향적인 삶을 살았다면 인생 후반전에서는 가치지향적인 삶의 방식으로 전환할 수 있어야 한다는 것입니다.

천직이란 내가 진정으로 원하는 일이며 또한 잘할 수 있는 일입니다. 천직이란 내게 알맞는 의미 있고 재미있는 일입니다. 당신에게도 천직이 있을까요? "모든 사람은 천직이 있다. 그 일을 발견하는 것이 인생에서 가장 중요한 일이다."『주홍글씨』의 저자 나다니엘 호손의 말입니다. 누구든지 마음속 깊은 곳에 천직의 씨앗이 뿌려져 있습니다. 저자도 퇴직 후 그것을 재발견했고 이를 5년간 정성껏 가꾸면서 가슴 뛰는 인생 후반전을 살아 내고 있습니다. 새로운 도전에 마음을 개방할 신념과 용기만 있다면 누구든지 자신에게 알맞는 천직을 찾아서 새로운 삶으로 나아갈 수 있습니다.

07^장 중간지대 황무지

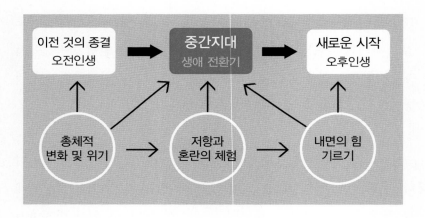

이전 것의 종결

     인생 후반전으로 나아가기 위하여 거쳐야 할 첫 단계는 이전 것을 종결하고 한마음 바꾸어 담대하게 세상을 대하는 자세입니다. 저자는 퇴직 후 처음에는 막연한 자신감으로 미래를 낙관했지만 새로운 역할 찾기에 실패하면서 불안감이 커졌습니다. 그럴

수록 이전의 직장에서 누렸던 것들이 자주 떠올랐습니다. 오래되고 익숙하고 좋은 것들에 대한 미련을 내려놓는 것은 쉬운 일이 아닙니다. 나를 보호하고 있던 든든한 보호막을 제거하고 무방비 상태에 놓이는 것이기 때문입니다. 그래서 이제는 더 이상 이전의 것들이 통하지 않게 되었다는 사실을 잘 알면서도 마음은 여전히 이전의 것에 들러붙어 있습니다.

새로운 시작을 위해서는 이전 것의 확실한 종결이 필요합니다. 이전 것의 종결이란 연극으로 치면 커튼을 내리는 것과 같습니다. 인생 2막이라는 용어는 연극에서 비롯되었습니다. 막(커튼)을 내린 상태에서 배우, 줄거리, 무대 장치 등을 모두 바꾼 후에 새로운 막을 올리는 것입니다. 지금과는 달리 평균수명이 짧았던 과거에는 정년퇴직 후에 얼마간의 여생을 살다가 끝났기 때문에 인생 2막이란 용어 자체가 없었습니다.

연극에서 이전과 똑같은 이야기를 새로운 막에 다시 올릴 수는 없는 일입니다. 새로운 막을 올린다는 각오로 도전하는 것이 진정한 인생 2막을 사는 자세라고 생각합니다. 이전 것에 기대어 단순히 몇 년간 더 버티려는 방식은 인생 2막이라고 말할 수 없습니다. 저자는 이것을 1.1인생이라고 표현합니다. 예를 들면, 어떤 직장의 고위직으로 퇴직한 사람이 산하기관에서 몇 년 더 버티다가 완전히 은퇴하는 것과 같습니다. 이전 것의 종결은 지난 삶을 부정하자는 것이 아닙니다. 이미 지나간 것들을 과감히 내려놓고 새로운 삶의 방식으로 전환해야 진정한 인생 2막이 될 수 있다는 이야기입니다.

중간지대

　　　　오전인생과 오후인생 사이에 제2사춘기인 중간지대 황무지가 있습니다. 이전 것의 종결과 새로운 시작이라는 두 영역에 양다리를 걸치고 갈팡질팡하는 시기입니다. 잘나가던 시절이 끝났다는 상실감으로 공허하기도 하고 그것을 대체할 만한 무언가에 얼른 뿌리를 내리지 못해서 불안하기도 한 때입니다. 이 시기에 밀물 같은 변화와 침체에 압도당해서 어쩔 줄 모르고 갈팡질팡하는 사람들이 많습니다. 따라서 이 시기를 제2사춘기 또는 사추기思秋期라고 부릅니다. 우리가 젊었을 때 사춘기를 거쳐야만 성인으로 탈바꿈 될 수 있었듯이 제2사춘기를 거쳐야만 새로운 삶으로 나아갈 수 있게 됩니다.

우리는 이 시기에 총체적 변화와 위기를 체험하는데 이것이 삶에서 갖는 긍정적인 의미는 무엇일까요? 전환이론의 대가인 윌리엄 브리지스는 "이 시기의 혼란을 빨리 벗어나려고만 발버둥치지 말고 오히려 깊이 탐험할 필요가 있다. 따라서 가능한 오래 지속하라."라고 조언했습니다. 이 시기의 변화와 위기를 체험하는 과정에서 참된 자아를 성찰하고 인생 후반전의 원천에너지인 '내면의 힘'을 기를 수 있기 때문입니다. 심리학자 융도 이 시기를 "총체적 위기를 경험하면서 동시에 내면의 진정한 자기를 만나고 정체성을 실현할 수 있는 과정"이라고 규정한 바 있습니다.

저자의 체험으로 볼 때, 인생 후반전으로의 전환은 총체적 변화 및 위기→저항과 혼란의 체험→'내면의 힘' 기르기→새로운 삶으로 나아가기의 과정으로 진행됩니다. 인생 후반전은 전반전의 종료와 동시에 매끄럽게 이어 달리는 계주경기가 아닙니다. 중간지대 황무지에 상당기간 멈추어 선 채로 견딤과 기다림의 과정을 거쳐야만 합니다. 이 시기의 혼란을 빨리 밀쳐 내고 앞으로 나가려고 하는 조급함을 경계해야 합니다. 인생 후반전을 망치는 결정적인 실수는 조급함 때문에 일어납니다.

새로운 시작

정년퇴직은 이전 것의 종결과 새로운 시작을 알리는 동시신호입니다. 셰익스피어의 희극 〈As you like it(뜻대로 하세요)〉에는 "온 세상은 무대이고 모든 여자와 남자는 배우라네. 그들은 등장했다가 퇴장하지요."라는 대사가 있습니다. 우리가 삶의 무대를 벗어날 수 없는 배우라면 여러분은 과연 두 번째 무대에서 어떤 배역을 희망하며 이를 위하여 어떤 준비를 해야 합니까? 이 질문에 대하여 예상 외로 많은 사람들이 꿀 먹은 벙어리처럼 아무 말도 못 합니다.

어떤 사람은 "젊었을 때 내가 이런 사람이었다."라는 자랑을 입에 달고 삽니다. 이것은 과거의 우월감을 끌어다가 지금의 공백을 숨기려는 부정적인 심리입니다. 과거에 장관을 했든 3성 장군을 했든 국회의원을 했든 이미 사라진 배역에 연연할 이유가 무엇입니까? 신화학자 조셉 캠벨의 말처럼 "인생 1막을 원만하게 마쳤다는 것은 영웅으로서의 삶의 여행을 끝내고, 또다시 새로운 영혼이 탄생하는 2막을 살기 위한 전환의 경험을 하고 있는 것"입니다. 삶은 비우고 다시 도전하는 과정의 연속입니다.

사람들이 인생 후반전을 살아가는 모습은 대체로 세 가지가 있습니다. 첫째는 (60+40)의 유형으로서 후반전 40년을 여생으로 보내는 것입니다. 둘째는 (60+10+30)의 유형으로서 10년 정도를 오전 인생의 언저리에서 연장전으로 버티다가 나머지 30년을 여생으로 보내는 것입니다.

셋째는 (60+30+10)의 유형으로서 30년을 두 번째의 인생 2막으로 살고, 마지막 10년을 여생으로 마무리하는 것입니다. 심리학자 버니스 뉴가튼B. Neugarten은 세 번째 유형의 사람을 일컬어 액티브 시니어Active Senior라고 불렀는데 "은퇴 후에도 하고 싶은 일을 적극적으로 실천하면서 사회활동을 계속하는 사람"입니다.

08_장 전환의 의미와 방법

전환의 의미

변화Change와 전환Transition은 서로 밀접한 관계가 있으면서도 의미에서 분명한 차이가 있습니다. 변화Change는 '삶에서 마주치는 어떤 사건'을 의미합니다. 전환Transition은 '그 변화에 적응해 나가는 어떤 과정'을 의미합니다. 변화가 특정 시점의 개념이라면 전환은 그 시점부터 언제까지의 기간적인 개념입니다. 예를 들면 직장에서 퇴직한 것은 특정 시점의 사건으로서 변화입니다. 퇴직이라는 변화에 대응하여 새로운 삶을 준비해 나가는 일련의 준비 과정이 전환입니다. 인생 후반전으로 넘어가는 시기에 마주치는 변화의 유형과 특성에 대하여는 2장에서 소개했습니다.

월스트리트저널에 의하여 미국에서 가장 영향력 있는 컨설턴트 10인의 한 사람으로 선정된 윌리엄 브리지스William Bridges는 전환을 이렇게 정의했습니다. "무엇인가를 놓아 버리고 다시 잡게 되는 그 과정에, 이전의 방식도 그리고 새로운 방식도 통하지 않는 중간지대가 있다. 이전 것의 종결, 중간지대, 새로운 시작, 이 세 가지의 과정을 전환이라고 한다. 변화를 수용한다는 것은 이 세 가지의 과정을 통과한다는 것이다. 우리는 전환의 세 과정 중에서 하나 또는 두 개 이상에 저항한다. 오래된 것을 놓아 버리는 것에 대하여 저항할 수도 있고, 중간지대에 머물며 지속적인 갈등을 겪을 수도 있고, 새롭게 시작하며 일어나는 위험성의 불안정서에 대하여 저항할 수도 있다."

또한 그는 전환의 중요성에 대하여 이렇게 말했습니다. "우리는 전환의 과정에서 새로운 것과 오래된 것의 중간지대에 놓이게 된다. 이 혼란스런 상태는 우리의 삶이 산산조각 나거나 가망이 없다고 느껴지는 순간이다. 오래된 존재방식에서 나오는 신호들과 아직도 명확하게 다가오지 않은 존재방식에서 나오는 신호들이 서로 뒤섞여서 다가오고, 믿을 만한 것은 아무것도 없다고 생각하게 된다. 모든 것이 대혼란의 상태이다. 하지만 바로 그런 이유로 해서 무엇이든지 할 수 있다고 느껴지는 때이기도 하다. 그러므로 중간지대에 머무는 시간은 아주 창조적이라고 볼 수 있다. 새로운 질서에 생명력을 불어넣는 시작이 혼란스런 중간지대에서 나타나게 된다."

전환의 방법

브리지스는 전환의 방법에 대하여 이렇게 말했습니다.

"삶은 물고기 꼬리처럼 굽이치며 구불구불한 길을 지나가게 된다. 만약 당신이 진실하게 살아가기를 원한다면 스스로 전환의 방법을 택할 수 있어야 한다. 삶이 당신에게 마침의 시간을 선물할 때 놓아 버리는 것, 자신이 중간지대에 있다는 것을 알았을 때 자신을 버리는 것, 그 순간이 왔을 때 새로운 시작을 만들 기회를 잡는 것 등이 전환의 방법이다."

전환의 방법에 대하여 추상적으로 설명한 브리지스의 말을 저자의 체험을 바탕으로 구체적으로 재구성하면 다음과 같습니다.

위의 3단계 과정을 무난히 통과해야만 새로운 삶으로 전환할 수 있게 됩니다. 첫째는 다양한 변화를 직면하는 과정으로서 변화를 있는 그대로 받아들이는 것입니다. 억압, 회피, 저항, 왜곡하지 않고 변화를 직면할 때 인생 후반전의 원천에너지인 내면의 힘을 기를 수 있게 됩니다. 둘째는 새로운 관심분야에 대하여 꾸준히 공부하고 체험하면서 역량을 강화해 가는 과정입니다. 셋째는 충분한 견딤과 기다림의 시간을 거치면서 색다른 환경에 차츰차츰 적응해 가는 과정입니다.

위 사진은 역도 국가대표 장미란 선수의 2012년 런던올림픽 때 모습입니다. 장미란 선수는 2008년 베이징올림픽에서 2위와 압도적인 실력 차이(49Kg 차이)로 금메달을 목에 걸었습니다. 그러나 은퇴 무대였던 런던올림픽에서는 실수도 하지 않고 기량을 마음껏 발휘했는데도 불구하고 노메달인 4위에 그쳤습니다(나중에 3위 선수의 실격으로 동메달 수상함). 그녀는 경기를 마친 후 바벨을 어루만지며 감사의 눈물을 흘렸고 무대 아래에서 다음과 같은 소감을 남겼습니다.

"역도는 역시 정직한 운동입니다. 연습 때만큼 했습니다. 내게 선수

생활의 마지막이 다가오고 있다는 걸 깨달았습니다. 세월이 흘러서 어쩔 수 없이 생긴 현실을 있는 그대로 받아들이니까 마음이 편해졌습니다."

경기에서는 실패했지만 세월이 데리고 온 어쩔 수 없는 변화를 있는 그대로 받아들이는 성숙한 자세를 보면서 감명을 받았습니다. 국가대표 선수가 은퇴 경기에서 노메달로 물러나는 심정은 고통스러웠을 것입니다. 그러나 어쩔 수 없는 변화에 진정으로 마음 굽히는 자세에서 새로운 가능성을 확인할 수 있었습니다.

장미란 선수는 은퇴 후 약 50kg 이상을 감량했고 봉사재단을 만들어 그동안 국민들로부터 받았던 사랑을 아낌없이 되돌려 주고 있습니다. 또한 후배들을 가르치는 지도자로서의 역량을 강화하기 위하여 은퇴 후 7년이 지난 지금까지도 공부에 매진하고 있습니다.

피겨 영웅 김연아 선수는 2014년 소치올림픽에서 완벽한 연기를 펼치고도 개최국 선수인 소트니코바에게 금메달을 빼앗기며 17년의 선수생활을 마감했습니다. 그 당시에 TV를 보고 있던 저자는 억울한 판정에 분노를 참지 못하고 흥분했는데 어린 영웅은 담대하게 웃으며 다음과 같이 말했습니다.

"금, 은메달 그런 것보다도, 그냥 '나'라는 선수가 있었음을 알아주는 것만으로도 만족합니다. 판정은 심판들이 하는 거고요. 금메달에는 미

인생 전반전을 마치며

련이 없어요. 나보다 더 간절한 사람에게 간 거예요. 모든 짐을 내려
놓았다는 것으로 나는 행복합니다."

때가 되었음을 느꼈을 때 영웅의 자리에서 미련 없이 물러나는 모
습이 멋지게 보였습니다. 결과에 너무 집착하지 않는 성숙한 모습에
서 감동을 받았습니다. 장미란과 김연아 선수는 세월이 선수 생활의
마침을 선물할 때 그냥 미련 없이 내려놓고 한마음 바꾸어 담대하게
새로운 삶을 시작한 것입니다. 나이 듦에 따르는 변화의 이면에 존
재하는 긍정적인 측면을 찾아서 또다시 활력 넘치는 새로운 삶으로
나아가고 있는 것입니다.

두 국가대표 선수의 사례에서 보는 바와 같이 전환의 방법은 첫째
로 어쩔 수 없는 변화를 있는 그대로 받아들이고, 둘째로 새로운 역
할에 필요한 자질과 역량을 기르면서, 셋째로 견딤과 기다림의 과정을
거치면서 변화에 적응해 가는 것입니다.

"지성은 변화에 적응하는 능력이다."
(Intelligence is the ability to adapt to change.)
                                        – 스티븐 호킹, 천체물리학자

Part Ⅱ

'내면의 힘' 기르기

"외적성장만을 중시하는 현대사회에서
우리는 아래로 자라는 법, 내면으로 자라는 법,
무의식 깊숙이 영혼의 닻을 내리는 법을 망각해 버렸다.
위로 더 빨리 더 많이 자라기만 하느라고
내면의 뿌리가 얼마나 자라야 하는지 미처 살피지 못했다.
내 안의 현자와 대화할 수 있는 마음의 에너지,
내면의 나 자신과 대화하는 힘,
하찮은 사물들과도 교감하는 힘을 길러야 한다."

— 정여울

09^장 마음건강의 첫걸음

마음의 의미

우리는 마음이 중요하다는 말을 밥 먹듯 자주 합니다. 그런데 정작 마음에 대하여 놀랄 정도로 무관심하고 무지하며 투자도 하지 않고 있습니다. 서양 사람들에게 마음이 어디에 있는가를 물으면 머리에 있다고 대답합니다. 우리나라 사람들에게 같은 질문을 하면 가슴에 있다고 대답합니다. 머릿속에 있는 생각·의지·욕구·의식이나 가슴 속에 있는 느낌·감정·갈망 등이 모두 마음을 구성하는 요소들입니다.

감각기관(눈, 귀, 코, 혀, 몸, 의식)이 어떤 대상과 접촉하면 좋은 느낌, 나쁜 느낌, 좋지도 나쁘지도 않은 느낌이 일어납니다. 느낌이 일어나면 생각도 일어나고 느낌과 생각에 대한 반응으로 어떤 행동욕구나 의지도 일어납니다. 예를 들어 위험하다는 느낌과 생각이 일어나면 위험을 회피하려는 행동욕구도 거의 동시에 일어납니다. 마음은 감각기관들이 수많은 대상들과 접촉하면서 생긴 느낌·생각·욕구·의지·갈망 등의 복합적인 현상입니다. 마음은 이런 요소들이 함께 어우러져서 끊임없이 생기고 변하고 머물다가 사라지는 것으로서 어떤 불변의 고정 실체가 없는 일시적인 현상입니다.

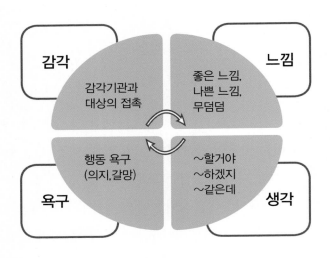

"마음은 연민, 기쁨, 희망, 슬픔, 두려움, 어려움, 사랑, 미움 등 온갖 종류의 씨앗들이 뿌려진 밭으로서 우리의 말과 생각과 행동은 매일 새로운 씨앗을 심고 이렇게 뿌려진 씨앗들이 일으키는 것이 삶이다. 우리가 행복한지 행복하지 않은지는 의식 내부의 씨앗에 달려있는데 연민, 이해, 사랑의 씨앗이 튼튼한가 아니면 분노, 적대감, 슬픔의 씨앗이 강한가의 문제이다. 마음 수행은 미리미리 잡초를 뽑고 물 주기를 하는 것과 같다. 우리가 모든 것을 해석하는 경험은 마음

안에서 일어난다. 거대한 폭풍 구름도 자세히 들여다보면 안개일 뿐이듯이 자신과 타인의 행복에 치명적 영향을 미치는 화, 미움, 질투, 강박적 욕구들도 마음이 빚어내는 일시적인 현상일 뿐이다."

이는 세계적인 사상가 틱낫한이 말한 마음의 정의입니다. 그는 마음을 온갖 종류의 씨앗이 뿌려진 밭으로 비유했습니다. 여기서 밭을 심리학 용어로 대체한다면 무의식이라고 말할 수 있습니다. 겉으로 드러난 의식이 빙산의 일각이라면 무의식은 수면 아래에 잠겨 있는 더 큰 빙산으로 비유됩니다. 심리학은 무의식에 있는 어떤 씨앗이 어떤 과정으로 문제를 일으키며 이에 대한 효율적인 치료수단은 무엇인지에 대하여 연구하는 학문입니다.

마음은 물과 파도의 관계로 비유됩니다. 고요하고 광활한 깊은 물과 항상 출렁이는 표면의 파도는 늘 함께 있습니다. "물은 파도를 떠나지 않고水不離波 파도는 물을 떠나지 않습니다波不離水." 깊은 물이 겉으로 드러나지 않는 '본성으로서의 마음'이라면 파도는 겉으로 드러난 '현상으로서의 마음'입니다. 일상생활에서 겉으로 드러나는 느낌·생각·욕구·갈망 등의 마음 현상은 마치 파도의 모습처럼 늘 변화무쌍하게 흐릅니다.

마음은 창공과 구름의 관계로도 비유됩니다. 고요하고 광활한 창공과 변화무쌍하게 흐르는 구름은 늘 함께 있습니다. 창공이 겉으로 드러나지 않는 '본성으로서의 마음'이라면 구름은 겉으로 드러난 '현상으로서의 마음'입니다. 일상생활에서 겉으로 드러나는 느낌·생각·욕구·갈망 등의 마음 현상은 마치 구름의 모습처럼 늘 변화무쌍하게 흐릅니다.

우리는 "마음을 비워야 한다."라는 말을 자주 합니다. 또한 "마음을 비우기가 정말로 어렵다."라는 말도 자주 합니다. 마음을 비운다는 것은 무슨 뜻일까요? 그 뜻을 잘못 이해하기 때문에 실천하는 것도 어렵게 느껴집니다. 우리는 겉으로 드러난 '현상으로서의 마음'에만 집착하기 일쑤입니다. 온갖 형태의 파도나 구름이 생겨나고 사라지는 것은 자연스런 현상입니다. 구름이 전혀 없는 완전히 텅 빈 창공의 모습이 일시적으로 만들어질 수는 있겠지만 그것도 어느새 다른 구름으로 가려지기 마련입니다.

마음을 비운다는 것은 구름을 억지로 치운다는 뜻이 아닙니다. 구름은 일시적인 현상일 뿐이므로 그것에 지나치게 들러붙지 말아야 한다는 뜻입니다. 구름이 그냥 제 갈 길로 가다가 창공 속으로 저절로 녹아들도록 지켜보는 것입니다. 구름은 어떤 고정불변의 실체가 아니고 조건 따라 생주이멸하는 현상에 불과하기 때문입니다. 마음은 구름 한 점 없는 광활하고 텅 빈 창공의 모습이기도 하고 동시에 변화무쌍하게 흘러가는 구름의 모습이기도 합니다.

파도와 구름은 바다와 창공의 모습을 멋지게 만들기도 하지만 때로는 그 전체상을 뒤덮어서 왜곡할 수도 있습니다. 파도가 물속으로, 구름이 창공 속으로 저절로 녹아드는 것과 같이 마음에서 일어나는 현상들도 먹이를 주지 않으면 저절로 사라지게 됩니다. 마음에서 일어나는 모든 현상을 그대로 관찰하면서 그것이 고정불변의 실체가 아니라는 사실을 알아차리는 것이 마음 비우기이고 수행입니다.

마음의 특성

① 마음은 늘 '변화되는 과정' 속에 있습니다 _____

마음은 늘 변화되는 과정 속에 있습니다. 희로애락과 같은 모든 마음현상은 어느 순간에 펼쳐지는 파도나 구름의 모습일 뿐입니다. 그런데 우리는 어느 순간의 현상에 들러붙어서 그것을 고정불변의 실체로 잘못 알고 집착하기 일쑤입니다. 변하는 것을 변치 않는 것으로 오해하거나 그것이 변치 않기를 바라기 때문에 고통스럽습니다. 이렇게 되면 느낌과 생각과 감정의 현상들이 서로에게 먹이를 공급하면서 통제불능의 괴물로 자라나게 됩니다.

② 딱딱한 마음의 이면에는 부드러운 마음도 함께 있습니다 _____

사랑하기 때문에 미워한다는 말이 있습니다. 내가 누군가로부터 관심을 받고 싶은 욕구가 좌절되거나 관심이 다른 사람에게만 치우칠 때 사랑이 미움으로 표현될 수 있습니다. 부모와 자식 사이처럼 가까운 관계에서 이런 경험을 하는 경우가 많습니다. 겉으로 표현된 딱딱한 마음의 이면에는 드러나지 않은 부드러운 마음도 함께 있습니다. 그런데 우리는 상대방을 대할 때 겉으로 드러난 딱딱한 마음만이 전부인 줄 알고 잘못 대응하는 경우가 많습니다.

③ 마음은 끊임없이 방황하며 '지금 여기'에 저항합니다 _____

수많은 사상가들이 '지금 여기'에 집중하는 삶을 살아야 행복하다고 말합니다. 그런데 '지금 여기'의 삶은 대부분 자잘하고 반복적이며 지루한 일의 연속입니다. 따라서 마음은 '지금 여기'를 벗어나 과거와 미래 사이를 왔다 갔다 방황합니다. 어떤 심리학자가 방문을 걸어 잠그고 하루 종일 일어난 생각을 그대로 옮겨 적은 후 며칠이지난 뒤에 읽어 보았습니다. 그 결과 90% 이상이 부질없는 잡념에 불과한 것임을 알고 놀랐다고 합니다. 이처럼 마음은 과거와 미래 사이를 끊임없이 방황하면서 '지금 여기'에 저항합니다.

④ 마음은 오작동될 가능성이 높습니다 _____

나이 들수록 경험이 많으므로 어떤 새로운 일이 생기면 기존의 경험에다가 무언가를 덧붙여서 판단하기 쉽습니다. 오래된 경험은 당시의 어떤 조건들이 반영되어 이루어진 결과이기 때문에 현재의 입장으로 보면 틀리거나 다를 수 있습니다. 이처럼 현재의 마음현상은 과거의 어떤 경험을 바탕으로 하는 것이기 때문에 일반적으로 오작동될 가능성이 높습니다. 따라서 내 경험과 관점에서 보는 것과 다른 사람의 입장과 관점에서 보는 것은 근본적으로 서로 다를 수밖에 없는 것입니다.

(소리 내어 읽어 보세요.)

- 마음은 늘 변화되는 과정 속에 있습니다.
- 변하는 것을 변치 않는 것으로 집착하면 불행합니다.
- 딱딱한 마음은 부드러운 마음과 함께 있습니다.
- '지금 여기'의 내 마음을 알아차리면 행복합니다.
- '그럴 수는 없다'라고 말하면 불행합니다.
- '그럴 수도 있지'라고 말하면 행복합니다.
- 느낌과 생각과 감정은 내가 아닙니다.
- 느낌과 생각과 감정은 조건 따라 일어나는 일시적인 현상입니다.

마음의 유형

① 일어나는 마음 _____

'일어나는 마음'은 감각기관이 어떤 대상과 만났을 때 내가 통제할 겨를도 없이 즉각적으로 반응하여 생기는 마음입니다. 예를 들어 고속도로에서 자동차를 운전 중인데 누군가가 내 앞으로 갑자기 끼어든다면 순식간에 당황하고 화가나는 것과 같습니다. 이것은 내가 손을 쓸 겨를도 없이 순식간에 자동으로 일어나기 때문에 마음 수행을 많이 한 사람도 어쩔 수 없습니다.

② 일으키는 마음 _____

'일으키는 마음'은 스스로가 내부반응에 의해서 2차, 3차, 4차…N차로 만드는 마음으로서 '반응계통의 물든 마음'이라고도 부릅니다. 이것은 마치 내가 나 자신을 향하여 화살을 쏘는 것과도 같습니다. 위의 사례에서 최초의 감정(화, 당황감)이 자동으로 일어난 이후에 스스로가 추가로 일으킨 생각, 의지, 감정 등을 말합니다. 예를 들면 "저 운전자가 일부러 끼어든 것은 아닐까?" "저 운전자 때문에 내가 죽거나 다칠 수도 있었다." "그런데 왜 한마디 사과도 없이 도망가는가?" "저 차를 쫓아가서 복수해야겠다."라는 것과 같이 자기 스스로 내부 반응에 의해서 거품처럼 일으킨 것입니다.

③ 바라보는 마음

'바라보는 마음'은 '일으키는 마음'을 그대로 관찰하는 마음입니다. 위의 사례에서 스스로 내부에서 일으킨 생각, 의지, 감정 등을 있는 그대로 관찰하면서 흘려보내는 마음입니다. '바라보는 마음'은 어떤 대상 때문에 발생한 느낌, 생각, 의지, 감정, 욕구 등이 고정불변의 실체로서 존재하는 것인가? 아니면 어떤 조건에 의해서 일시적으로 생겼다가 변하고 사라지는 것인가? 그것들은 어떤 의미를 갖는가? 등에 대하여 여실지견(如實知見: 있는 그대로 보는 것)하는 마음입니다. 이를 깨어 있는 알아차림 또는 마음챙김이라고도 부릅니다.

마음수행이란 '바라보는 마음' 즉 깨어 있는 알아차림을 생활화하는 것입니다. '일으키는 마음'을 알아차리고 수용하고 흘려보내는 힘을 기르는 것입니다. '지금 내가 불안하구나, 욕심내고 있구나, 화내고 있구나, 고집부리고 있구나, 집착하고 있구나, 흥분하고 있구나,

트집 잡고 있구나.' 매 순간 일어나고 변하고 사라지는 마음의 현상들을 있는 그대로 바라보며 지혜를 통찰하는 힘을 기르는 것입니다. '바라보는 마음'의 힘을 길러서 '일으키는 마음'의 거품을 가라앉히면 맑고 고요한 마음을 한없이 확장할 수 있게 됩니다.

마음의 세 가지 유형	
일어나는 마음 (자동 발생, 통제 불능)	외부 → 즉시 발생
일으키는 마음 (반응 계통의 물든 마음)	내부 반응 (n차 화살) (나쁜 느낌 → 혐오 → 분노) (좋은 느낌 → 욕망 → 집착)
바라보는 마음 (물든 마음을 깨끗하게)	깨어 있는 알아차림(마음챙김) (있는 그대로 바라보기)

마음의 크기

달마대사는 "마음이 너그러울 땐 우주를 다 포용하지만 옹졸할 땐 바늘 하나도 꽂을 자리가 없다."라고 말했습니다. 우리는 실제로 이런 것을 경험한 적이 많기 때문에 쉽게 공감할 수 있습니다. 우리의 마음이란 것이 나이 듦에 따라서 더 크고 넓게 변할 것 같지만 실제로는 그 반대의 경우가 더 일반적인 것 같습니다. 나이 들어서 마음이 옹졸해지면 자신은 물론이고 가족들도 남모르는 고통 속에서 살아가게 됩니다.

어떤 지인은 아버지가 정년퇴직하고 약 5년이 지났는데 갈수록 이상해진다고 걱정입니다. 아버지는 대기업의 최고경영자까지 지냈던 분으로서 가족들로부터 존경을 받았는데 요즘은 갈수록 상태가 악화된다고 말했습니다. 아버지가 퇴직 후 정치·사회 문제에 관심을 갖는 것까지는 좋은데, 문제는 자신만의 고정관념이 통제불능의 상태라는 것입니다. 뉴스를 보거나 대화를 하는 중에 자신의 견해와 다르게 말하면 심하게 화를 내고 가족들에게도 자신의 견해만을 강요하기 때문에 고통스럽다고 호소합니다.

부자간 갈등 문제로 힘들어하는 또 다른 지인이 있습니다. 그의 아버지는 자식들의 행태가 마음에 들지 않는다고 늘 불만이 많았습니다. 반면에 아들인 지인은 아버지의 특별난 성격 때문에 힘들다고 말합니다. 아버지와 아들은 같은 지역에서 오랫동안 살았는데 어떤 사소한 문제로 관계가 뒤틀리기 시작했습니다. 결국 아버지는 부자 관계를 완전히 끊겠다는 폭탄선언을 남기고 먼 지역으로 이사를 갔습니다. 아버지가 이사를 가는 날에도 아들은 먼발치에서 눈물 흘리며 지켜봐야만 했습니다. 아버지는 심신이 지칠 대로 지치고 중병이 걸린 후에야 비로소 지난날의 과잉 분노를 후회하고 있습니다.

나이 들수록 경험과 지식이 많기 때문에 세상사를 이분법적으로 재단하는 경향이 강해집니다. 또한 사회적 지위의 상실로 내면이 결핍상태에 놓이기 때문에 나이를 무기 삼아 비현실적이고 자기중심적인 억지주장을 고집할 때가 많습니다. 젊은이들은 이런 식의 퇴행적인 늙어 감을 꼰대라고 비하하여 부릅니다. 내 마음의 크기는 과연 어떻게 변하고 있을까요? 내 마음의 크기를 동심원으로 적용해 보세요. 동심원은 중심이 같고 반지름만 다른 원들의 집합입니다. 우리는 아이에서 성인으로 자라면서 동심원의 크기를 점점 키워 왔습니다. 그런데 신중년기부터는 역주행을 시작해서 크기가 점점 더 작아지고 있는 것은 아닐까요? 노년기가 되어서 원점으로 회귀되어 버린 자신의 모습을 상상해 보세요. 나이 들수록 마음이 넓어져야만 자신과 가족이 모두 행복한 삶을 살 수 있습니다.

10장 이제부터 나는 누구인가

'낡은 자아'의 몰락

중년기의 심리를 최초로 연구한 심리학자 융 C.G.Yung은 자아를 페르소나Persona라는 용어로 설명했습니다. 페르소나는 가면으로서 겉으로 드러내어 남들에게 보여 주려는 자아를 의미합니다. 우리는 사회적 지위를 자아와 동일한 것으로 인식하며 살아오다가 나이 듦에 따라 어느 날 갑자기 그것이 벗겨지게 됩니다. 영원할 것만 같았던 사회적 지위가 한낱 일시적인 가면에 불과한 것이었음을 뒤늦게 알아차립니다.

21세기 대표 사상가 에크하르트 톨레E. Tolle는 "우리는 흔히 사회적 지위, 소유, 외모, 믿음체계 등으로부터 내가 누구인지에 대한 자각을 끌어내려고 한다. 마음이 만들어 내는 이러한 거짓 에고Ego는 불안하고 상처받기 쉽다. 우리는 존재하는 느낌을 가지려고 언제나 자신을 새롭게 확인할 수 있는 무언가를 찾아 헤맨다. 그러나 그것은 충족되지 못하며 두려움, 결핍감, 욕구는 그대로 남게 된다."라고 말했습니다.

지인 중에 명예퇴직 사실을 주변에 알리지 않고 몇 년을 버틴 사람이 있습니다. 공공도서관에서 혹시라도 아는 사람을 만날까 봐 신경 쓰는 모습이 안타까웠습니다. '나'라고 내세울 만한 정체성을 상실한 모습을 남들에게 보여 주고 싶지 않았을 것입니다. 우리는 영원할 것만 같았던 평생 직장에서 등 떠밀려 혼자 남게 되었을 때 당황하고 좌절합니다. 정체성의 무방비 상태를 모면할 무언가를 빨리 되찾지 못하면 마치 상처 난 속살을 드러낸 것처럼 고통스럽습니다. 그래서 어떤 사람은 퇴직 후에도 과거의 지위에 전前이라는 글자를 새겨 넣은 명함까지 들고 다닙니다.

페르소나에 집착하는 사람은 체면치레를 중시합니다. 은퇴 후 노후자금이 부족하다는 걱정을 입에 달고 살면서도 어떤 비공식 단체의 대표 자리를 고수하려는 지인이 있습니다. "나는 실업상태이기 때문에 돈을 많이 쓰는 역할은 못 하겠다."라고 솔직히 말하지 못합니다. "자신이 아니면 그 단체가 잘 굴러가지 못할 것이다."라고 말하지만 그것은 어림없는 변명일 뿐입니다. 오히려 더 잘 굴러갈 가능성이 높습니다. 실제로는 남들에게 내세울 수 있는 사회적 가면이 필요했기 때문이었을 것입니다.

인생 후반전을 시작하면서 '낡은 자아'부터 스스로 몰락시켜야 합니다. 과거에 어떤 사회적인 지위에 있었던 간에 그것은 이미 벗겨진 가면일 뿐입니다. 지나간 영광에 미련이 남아서 과거로 역주행하지 말고 한마음 바꾸어 새로운 삶으로 나아가는 용기가 필요합니다. '낡은 자아'를 몰락시킨다고 해서 지금까지의 삶이 통째로 무너지는 것도 아니며 자존감을 내팽개치는 일도 아닙니다. 지금 여기에서 있는 그대로의 나를 솔직하고 당당하게 드러낼 때 비로소 새로운 힘을 얻을 수 있습니다.

> "추하든 아름답든 있는 그대로의 나를 솔직히 인정하는 것,
> 이것 이상의 든든한 출발이 어디 있으랴!"
>
> — 칼릴 지브란

동양의 명상과 서양의 심리학을 융합한 심리치료 전문가 존 웰우드J. Welwood는 "익숙한 자아에 대한 느낌이 무너져 내릴 때 맞닥뜨리는 공허함에 움츠러들지 않을 수 있다면 그것은 삶에 대한 현존의 새로운 가치이다. 영원히 무너지지 않는 위치나 정체성은 없으며 그 때문에 우울할 것이 아니라 그것과 함께 어우러져야 할 일이다."라고 말했습니다. 1938년부터 현재까지 약 80여 년 동안 인간의 행복을 연구한 하버드대학교 인생발달연구도 인생 2막의 행복을 위한 제1요건으로 자아성찰의 중요성을 강조한 바 있습니다.

자아관의 재정립

'나는 누구인가?' 젊었을 때는 이런 질문이 추상적인 말장난에 불과한 것으로 별 도움이 안 된다고 보았습니다. 따라서 많은 사람들이 그랬던 것처럼 사회적 지위를 나라고 인식하면서 그냥 살아왔습니다. 그런데 저자는 인생 후반전을 시작하면서 이 문제가 매우 중요하다는 것을 알게 되었습니다. 모든 사람들로부터 '어떤 조직의 무슨 직책'으로 불렸던 '나'라는 존재가 퇴직과 함께 갑자기 사라져 버렸기 때문입니다. 나이 듦에 따라서 사회적 지위를 내려놓은 상태에서의 나는 과연 누구일까요?

저자는 앞에서 '낡은 자아'를 스스로 몰락시켜야 한다고 말했습니다. 그렇다면 이를 대체할 새로운 자아는 무엇이며 어디에서 찾을 수 있을까요? 인생 후반전에서는 '나'라는 존재의 본질에 대한 깊은 통찰이 필요합니다. '어떤 조직의 어떤 직책'이라는 것은 나와 상대방의 사회적 관계를 나타낸 용어에 불과합니다.

'나'라는 존재의 본질을 종교의 관점으로 접근하는 것이 일반적인 것 같습니다. 종교 이외의 관점에서는 '나'라는 존재의 본질을 어떻게 이해할 수 있을까요? 저자는 헌법의 규정으로 생각해 보았는데, 헌법은 우리 사회의 보편적 가치와 방향을 제시한 최고의 규범이기 때문입니다.

헌법 제10조는 "모든 국민은 인간으로서의 존엄과 가치를 가지며 행복을 추구할 권리를 가진다."라고 규정하고 있습니다. 우리는 인간으로 존재한다는 사실만으로도 평등한 존엄을 인정받고 있습니다. 나이 들거나 사회적 지위를 잃었다고 해서 존엄성이 줄어들지 않는 것입니다. 소유나 지위에 따라서 존엄성의 등급이 달라지는 것도 아닙니다. 내가 존엄한 존재로서 여기에 살아 숨 쉬고 있다는 사실을 알아차리는 것만으로도 감사와 행복을 느낄 수 있습니다.

퇴직하니까 자존감이 떨어진다고 말하는 사람이 있습니다. 그것은 자존감이 아니라 우월감(열등감)입니다. 자존감과 우월감(열등감)은 전혀 다른 차원의 것입니다. 자존감은 존엄성을 적극적으로 인식하는 마음입니다. 자신이 존엄한 존재라는 사실을 다른 사람이 아닌 스스로의 성숙된 사고와 가치에 의해서 인식하는 마음입니다. 영어로 표현하면 자신을 존중한다는 뜻의 Self-respect 또는 Self-esteem입니다. 자존감은 타인과의 비교, 타인으로부터의 인정이나 칭찬, 나이나 지위 등과는 근본적으로 관계가 없는 긍정적인 마음입니다.

우월감(열등감)은 자신이 남들보다 월등하거나 못하다는 식으로 단순 비교하는 부정적인 마음입니다. 우월감은 열등감에 대한 방어수단으로 작용합니다. 따라서 우월감이 강하면 열등감도 강하며 열등감이 강하면 우월감도 강합니다. 그래서 심리학자들은 강한 우월감(열등감)을 갖는 사람들이 변화에 대한 적응력도 가장 떨어진다고 말합니다. 나이 들면서 과거의 지위를 들먹이며 "내가 누군데~"라고 폼 잡는 꼰대들이 여기에 해당됩니다.

사회적 가면을 벗은 이후의 나는 과연 누구일까요? 우리는 존엄과 가치를 지닌 인간으로서 행복을 추구하며 살아가는 존재입니다. 숲 길을 걷다 보면 구부러진 나무도 있고 곧게 뻗은 나무도 있고 땅에 붙은 키 작은 관목도 있고 엄청나게 큰 나무도 있습니다. 그들은 키, 모양, 위치에 따라서 스트레스를 받으며 고통스런 삶을 살아가지 않습니다. 그들은 끊임없이 변화되는 환경 속에서 매 순간의 지금 여기를 충만하게 살아가며 다른 존재들과 서로 연결되어 하나의 멋진 숲을 만들어 내고 있을 뿐입니다.

우리는 다른 존재들과 연결되어 매 순간 하나로서 전체를 이루는 존엄한 존재입니다. 나이 들어 가면서 과거의 지위, 소유, 나이 등의 외형적인 자의식을 끌어다가 '낡은 자아'에 집착하는 것은 불행한 일입니다. 사상가 몽테뉴는 "어떻게 하면 내가 정말로 나다워질 수 있는가를 아는 것이 가장 중요한 일이다."라고 말했습니다. 인생 후반전에서 새로운 삶으로 나아가기 위해서는 '낡은 자아'를 벗어던지고 자아관을 올바르게 재정립하는 것이 무엇보다 중요한 일이라고 생각합니다.

11^장 불안·스트레스에 대한 지혜

두 종류의 불안

보건복지부의 '2016년도 정신질환실태 역학조사 결과'에 따르면, 우리나라 성인 4명 중 1명(남자 28.8%, 여자 21.9%, 전체 25.4%)이 평생 한 번 이상 정신질환을 겪는다고 합니다. 정신질환을 경험한 사람들 중에 22.2%만이 치료 또는 상담을 받은 것으로 나타났는데 이는 미국 43.1%, 캐나다 46.5%의 절반 수준에 불과합니다. 주요 정신질환 중에서도 특히 불안과 우울 장애가 남녀 모두에게서 공통으로 높게 나타났습니다.

[주요 정신질환별 조사결과]

병명	평생유병율			일년유병율		
	전체	남	여	전체	남	여
주요우울장애	5.0%	3.0%	**6.9%**	1.5%	1.1%	**2.0%**
불안장애	9.3%	6.7%	**11.7%**	5.7%	3.8%	**7.5%**
조현병 스펙트럼장애	0.5%	0.5%	0.4%	0.2%	0.2%	0.2%
알코올 사용장애	12.2%	**18.3%**	6.4%	3.5%	**5.0%**	2.1%
니코틴 사용장애	6.0%	**10.6%**	1.4%	2.5%	**4.5%**	0.6%
자살생각 및 시도	15.4%	–	–	–	–	–

자료: 보건복지부

『심리학, 자존감을 부탁해』의 저자인 독일 심리학자 슈테파니 슈탈 Stefanie Stahl은 불안의 심리적 문제에 대하여 이렇게 말했습니다. "모든 심리적 문제는 불안 때문이며 불안 뒤에는 슬픔, 실망, 분노, 무력감도 함께 온다. 또한, 불안이 있는 사람에게는 비판과 모욕이 상처에 뿌려진 소금처럼 고통스럽게 느껴진다. 따라서 악의 없는 농담이나 단순한 발언도 확대해석하고 개인적 모욕으로 받아들인다."

별일도 아닌데 지나치게 과잉반응을 보이는 것은 마음의 밑바탕에 깊은 불안감이 깔려 있기 때문입니다. 인생 후반전에는 늙음, 질병, 이별, 죽음과 같은 실존적인 고통들이 겹쳐 오기 때문에 하루라도 불안하지 않은 날이 없습니다. 뿐만 아니라 평생직장에서 퇴직한 후 새로운 일자리를 찾아야 하는 막연함, 혹시 모를 결정적인 실패와 추락, 위험한 사건들과의 마주침과 같은 침체와 상실의 불안도 상존합니다.

불안에는 정상적인 불안과 비정상적인 불안이 있습니다. 정상적인 불안은 누구에게나 일어나는 어쩔 수 없는 변화를 있는 그대로 직면하는 과정에서 생기는 불안입니다. 비정상적인 불안은 변화를 억누르고 회피하고 부정하고 저항하는 과정에서 증폭되는 불안입니다. 즉 불안 때문에 더 불안해지는 불안의 거품입니다.

미국의 어떤 여배우가 거울 속에 비친 자신의 늙은 모습에 실망해서 자살한 사건이 있었는데 이것이 비정상적인 불안의 사례입니다. 우리는 불변하는 독보적인 존재가 아니며 생로병사로 조건 지워진 삶을 살아가는 존재라는 진리를 받아들여야만 합니다.

"고통의 원인은 시들어 가는 꽃이 아니라, 바로 그 꽃이 시들지 않기를 바라는 비현실적인 욕망 때문이다. 탐욕을 내려놓으면 유쾌한 경험은 전혀 고통을 이야기하지 않는다. 시들어 갈 운명은 피할 수 없는 것이므로 꽃들을 온전히 충만하게 즐길 수 있어야 한다."

— 틱낫한

과연, 스트레스 때문인가

'Stress'는 우리나라 사람들이 가장 많이 사용하는 영어입니다. 우리는 이 말을 입에 달고 삽니다. 스트레스의 의학적인 정의는 "심신의 균형과 안정을 깨뜨리려는 자극에 대하여 안정상태를 유지하려고 저항하는 반응"입니다. 스트레스는 어떤 나쁜 자극 자체가 아니고 그것을 안정화시키려는 정상적인 반작용입니다. 몸이 적당한 스트레스로 긴장하면 코르티졸이라는 호르몬이 분비되어 부교감신경이 활성화되면서 옥시토닌, 도파민, 세로토닌, 엔돌핀과 같은 긍정호르몬이 분비되고 면역력, 성취감, 자신감, 즐거움, 활력, 창의력이 높아진다고 합니다. 이처럼 적당한 스트레스는 좋은 것이며 필요한 것이라고 합니다.

스탠퍼드대학교 건강심리학자 켈리 멕고니걸Kelly McGonigal 교수도 "스트레스는 몸의 자연치유체계 중 하나"라고 말했습니다. 스트레스를 받으면 포옹호르몬으로 불리는 신경물질 옥시토신oxytocin이 분비되는데 이는 우리가 다른 사람들과 함께하려는 마음을 갖도록 작용하는 물질이라고 합니다. 따라서 그는 "스트레스는 당신을 더 사회적으로 만든다Stress makes you social."라고 말합니다.

그러나 내면이 취약한 상태에서 스트레스에 지속적으로 노출되면 자율신경계의 긴장을 초래하여 심장병, 위궤양, 고혈압, 당뇨병, 신경증 등의 만성질환을 유발한다고 합니다. 나쁜 스트레스가 지속되면 코르티졸의 과잉으로 아드레날린, 사이토카인과 같은 호르몬이 분비되어 면역력 저하, 인슐린 저항성 증대, 염증 반응이 유발된다고 합니다. 따라서 스트레스가 지속되지 않도록 내면의 힘을 길러야 합니다. 우리는 "스트레스가 만병의 근원이며 마음먹기에 달려 있다."라는 말을 늘 하면서도 그냥 잊어버릴 뿐입니다.

나이 들수록 마음공부가 꼭 필요합니다. 심리학자 Lazarus는 "동일한 스트레스 요인이라고 할지라도 받아들이는 사람에 따라서 긍정적으로 작용하느냐 부정적으로 작용하느냐가 달라질 수 있다."라고 설명합니다. 스트레스를 부정적인 것으로 받아들이면 질병으로 작용하지만 긍정적인 것으로 받아들이면 치유의 에너지로 작용할 수 있다는 것입니다.

인생살이 도처에 깔려 있는 수많은 스트레스 요인들을 모두 없애는 것은 불가능하므로 우리는 스트레스와 함께 살아갈 수밖에 없습니다. 따라서 스트레스를 어떻게 수용하고 관리할 것인가의 문제가 중요합니다. 우리는 스트레스를 무조건 나쁜 것이고 피해야 할 것으로만 간주하는 경향이 있습니다. 그래서 질병에 걸리거나 어떤 불행한 상황이 닥치면 스트레스를 주범으로 지목해서 "스트레스! 바로 너 때문이야!"라고 탓합니다.

만성질환의 경우를 사례로 들겠습니다. 어떤 질병에 걸린 사람에게 원인을 물으면 스트레스 때문이라고 말합니다. 그러나 스트레스 때문이 아니라 자신의 태도나 습관이 문제입니다. 과음, 흡연, 과식, 운동 부족 등 나쁜 생활습관 때문에 질병이 생긴 것이고 그 질병을 원인으로 더 강한 스트레스가 유발되어 질병이 악화됩니다. 결과적으로 질병과 스트레스가 동맹관계를 맺고 서로를 키워 주면서 악순환 되는 꼴입니다.

질병에 대한 책임을 자신이 아닌 스트레스라는 외부요인으로 떠넘겨서 자신의 행위를 정당화하지 말아야 합니다. 스트레스를 통해서 몸과 마음의 잘못된 습관을 바꾸라는 신호를 보낸 것인데 그 경고를 무시했기 때문에 상황이 악화된 것입니다. 스트레스의 근본적인 문제는 자신의 나쁜 습관에 달려 있습니다. 스트레스 때문이라고 핑계 대지 말고 수면 부족, 불규칙한 식생활, 부정적인 마음, 과도한 욕심, 흡연 음주, 운동 부족 등의 나쁜 생활습관부터 확 바꾸어야 합니다. 스트레스 때문이 아니라 '나' 때문이라는 사실을 인정하고 근본적인 문제를 바로잡는 진정한 용기가 필요한 때입니다.

12^장 고독·우울에 대한 지혜

원인 및 특성

　　"나이 들수록 고독이 심해지는데 좋은 방법이 없을까
요?" 강연 도중에 어떤 60대 여성이 저자에게 이런 질문을 했습니다.
중년기의 고독과 우울은 여성뿐만 아니라 오히려 남성에게 더 심각
한 문제인 것 같습니다. 공공도서관이나 공원에 가 보면 나 홀로 소
일하는 중년 남성들을 쉽게 볼 수 있습니다. 그들은 몇 년 동안 같은
곳에서 마주치는 사람들과도 대화를 나누는 법이 없으며 마치 외딴
섬처럼 철저히 홀로 지냅니다.

　　건강보험심사평가원이 최근 5년간 건강보험 및 의료급여 심사 자
료를 분석한 결과에 따르면, 우울증(F32: 우울증에피소드, F33: 재발성우울
증) 환자의 증가율이 50대 남성층에서 가장 높게 나타났습니다. 직
장에서 일 중심으로 형성된 인간관계는 퇴직 후 얼마 지나지 않아서
맥없이 무너져 버립니다. 저자도 퇴직 후 처음 몇 년간은 인간관계

에 대한 실망과 분노에 휘둘리곤 했었습니다. "진정한 친구 몇 명만 있어도 성공한 삶이다."라는 말이 무슨 뜻인지 이제서야 비로소 이해할 수 있게 되었습니다.

중년기의 고독과 우울은 실직, 질병, 이혼과 같은 생애 전환기적 사건과도 관련이 깊지만 특별한 사건이 없는 사람도 보편적으로 경험할 수 있는 마음현상입니다. 인생 후반전이 내 뜻대로 굴러가지 않으며 나이 들수록 불안한 일들이 쌓이기 때문입니다. 특히, 중년기의 고독과 우울은 의존적인 성격, 무기력, 욕심 등의 문제와도 관련이 있습니다.

의존적 성격의 사례로서 '빈 둥지 증후군'을 들 수 있습니다. 가족의 뒷바라지에 온 힘을 쏟다가 의존관계의 갑작스런 상실(부모 사망, 자식 독립, 남편 실직 등)이 발생했을 때 일어나는 우울증입니다. 심리학자들은 이것을 '영적 선물'이라고 말하기도 합니다. 우리의 삶은 얻음과 잃음의 연속이며 성장과 침체의 모음입니다. 따라서 생애 전환기에 마주치는 관계의 침체 현상을 통하여 오히려 영적으로 성숙해질 수 있다는 의미입니다.

저자는 아들 때문에 우울증을 앓는 어떤 중년 여성을 상담한 적이 있습니다. 아들이 여친에게 빠져서 자신을 옛날처럼 다정하게 대하지 않는다는 것이 우울의 이유였습니다. 부모와 자식의 관계는 어떻게 변하는 것이 바람직할까요? 자식이 어릴 때는 부모와 일심동체로 살다가 청년기부터는 자기의 고유세계를 구축하며 분리를 추구합니다. 성인이 되어 취업하고 결혼하면 외견상 완전히 분리되지만 그렇다고 남이 되는 것은 아닙니다. '분리된 자아'이면서 동시에 성숙한 가족관계로 재통합되는 것입니다. 청년기에 부모와의 정서적 유대감이 약화되는 현상은 자연스런 변화 과정의 하나일 뿐입니다. 따라서 우울할 일이 아니라 대견해야 할 일입니다.

一(일심동체) ⇒ 二(분리 지향) ⇒ 不一不二(하나도 둘도 아닌 상태로 재통합)

취업포탈 잡코리아가 20~30대 성인남녀 1,061명을 대상으로 조사한 바에 따르면, 자기 스스로를 캥거루족이라고 답한 사람이 무려 56.1%에 달했습니다. 부모가 이미 성인이 된 자식을 항상 돌보면서 살 수는 없습니다. 인생은 자전거를 타는 것과도 같다는 말이 있습니다. 부모가 자전거를 붙들고 자식 옆에 서서 늘 버틸 수는 없는 일 아니겠습니까? 자식이 '분리된 자아'로서 자신의 삶을 주도적으로 살아가도록 내버려 두어야 합니다.

무기력은 새로운 삶에 애착을 보이지 않거나 감정의 기복을 나타내는 현상으로서 고독의 결정적인 원인 중 하나입니다. 내가 실제로 하고 있는 일과 마음속으로 원하는 일이 달라서 충돌할 때 만사가 귀찮고 무기력해지기 쉽습니다. 부모의 강요에 못 이겨서 자신이 원치 않는 분야를 억지로 선택한 사람이 성공했음에도 불구하고 우울증에 빠지는 것과 같습니다. 인생 후반전에서는 돈벌이에만 가치를 두지 말고 자신이 진정으로 원하는 의미 있고 재미있는 일을 선택해야 합니다.

인생 후반전에서는 지금까지와 다른 차원의 삶의 여행을 시작해 달라고 내면이 강력히 요구할 수 있습니다. 그러나 우리는 익숙한 방식으로만 살아가려는 강고한 타성이 있습니다. 인생 후반전에서는 그동안의 경험과 가치를 보다 큰 질서 속에서 해체하고 재구성할 필요가 있습니다. 익숙한 삶의 패턴만 고수하려는 방식을 버리고 내 마음의 본성이 진정으로 무엇을 원하는지를 알아차리고 용기를 내어 샤로운 일에 도전할 필요가 있습니다.

신중년기의 고독과 우울은 지나친 욕심과도 관련이 깊습니다. 원하는 일이 빨리 진행되지 않을 때, 도움 받을 곳이 없다고 느껴질 때, 돈을 못 버는 날이 마냥 길어질 때, 지인이 잘나간다는 소식을 들을 때…. 우리는 고독해지고 우울해집니다. 저자는 이와 관련하여 "내가 지금 욕심과 질투심을 내고 있다."라는 사실을 솔직히 인정하고 호흡에 집중하면 놀랄 정도로 빠르게 우울감이 진정되는 신기한 체험을 하였습니다.

원하는 일이 빨리 진행되지 않는 것은 당연합니다. 새로운 견딤과 기다림의 과정이 필요하기 때문입니다. 지인들이 나를 적극 돕지 않는 것도 당연합니다. 그들도 나름의 사정이 있으며 나 자신도 남들에게 그랬습니다. 남들의 좋은 소식을 들었을 때 우울한 이유는 질투와 시기심 때문입니다. 하루라도 돈을 못 벌면 마치 큰일이라도 날 것처럼 불안하지만 사실은 그렇지도 않습니다. 지나친 욕심에 들러붙어 부정적인 생각과 감정을 키우지 말고 지금 여기의 사소한 일상에 감사하고 만족할 줄 알면 고독과 우울에서 벗어날 수 있습니다.

활용 및 치유

은퇴전문가들은 인간관계가 중요하므로 기존의 관계를 잘 유지하고 새로운 인간관계를 만드는 일에도 신경을 쓰라고 충고합니다. 원론적으로 지당한 말씀이겠지만 현실적으로 쉬운 일이 아닙니다. 관계의 무너짐 현상을 방어하면서 동시에 새로운 관계도 창조하려면 그만큼 돈과 에너지를 쏟아야 합니다. 관계를 유지하고 새로 만드는 일도 필요하지만 나이 듦에 따르는 관계의 무너짐 현상을 자연스럽게 수용하는 마음자세도 중요합니다.

고독은 무조건 피하고 방어해야만 하는 나쁜 것일까요? 우리는 인생 후반전에 사랑하는 많은 것들과 이별해야 하며 고독은 이 과정에서 생기는 자연스런 현상의 하나입니다. 따라서 억지로 없애려고 할 필요도 없고 단지 그 꿀꿀한 감정에 지나치게 빠져드는 것을 멈추기만 하면 됩니다. 고독은 자동차와 나무와 별과 어둠 등과 마찬가지로 나의 삶과 연결되어 늘 변화하고 있는 많은 생필품 중의 하나입니다. 그리고 고독은 인생 후반전을 준비하는 과정에서 창조적인 자원으로 활용될 수도 있습니다.

　김수환 추기경은 "자기 삶을 돌이켜 보고 자신의 존재 자체를 깊이 보게 되는 기회가 바로 고독이다. 따라서 고독이란 참으로 소중한 것일 수 있다."라고 말했습니다. 이시형 박사는 "고독감孤獨感, Loneliness을 고독력孤獨力, Solitude으로 승화시키는 삶을 살라. 고독감은 쓸쓸하고 외로운 감정이며 고독력은 홀로 있으려는 또는 홀로 있을 수 있는 힘과 의지이다."라고 말했습니다. 황동규 시인은 『버클리 풍의 사랑 노래』란 시집에서 '홀로움'에 대하여 말했는데 홀로와 즐거움의 합성어인 홀로움은 혼자 있음의 환희입니다.

　라이너 마리아 릴케도 젊은 시인 카푸스에게 보낸 편지에서 "당신은 당신의 고독을 사랑하며 참고 견디세요. 당신과 가깝던 사람들이 멀어져 간다는 것은 당신의 주위가 넓어지기 시작했다는 뜻입니다. 근본적으로 특히 가장 심오하고 중요한 세상일에 대해서 우리는 이루 말할 수 없을 정도로 고립된 존재입니다. 어려운 점에 대해서 그리고 다른 사람들과 사이에서 느껴지는 고독에 대해서 더 많은 신뢰감을 가져야 합니다. 삶이 제 갈 길을 가도록 그냥 맡겨 두어야 합니다. 고독은 당신이 체험하고 행하는 모든 것과 함께 찾아오면서 익명의 영향력을 계속 행사하며 조용히 결정적으로 작용할 것입니다."라고 적었습니다.

　퇴직한 사람이 사회관계망을 회복하지 못하고 홀로 지내다 보면 배우자에게 의지하는 정도가 점점 심해집니다. 배우자도 이런 상황이 귀찮고 불만스럽기는 마찬가지입니다. 퇴직 후의 남는 시간을 배우자에게만 의존하지 말고 창조적·적극적으로 활용하는 자신만의 생활패턴을 개발하는 것이 중요합니다. 저자의 경우처럼 나만의 케렌시아Querencia를 정해 놓고 이곳에서 매일매일 작은 실천을 꾸준히 반복하는 것도 좋은 방법입니다.

케렌시아는 몸과 마음이 편안한 나만의 안식처입니다. 집, 사무실, 카페, 도서관, 공공시설 등을 나만의 케렌시아로 정할 수 있습니다. 케렌시아에서 에너지를 충전하면서 인생 후반전의 새로운 목표와 관련이 있는 규칙적인 습관을 만들어 보세요.

저자는 매일 몇 시간씩 나만의 케렌시아에 머물면서 책도 쓰고, 독서도 하고, 인터넷 카페(Daum 신중년기마음연구소)도 열심히 가꾸고 있습니다. 저자는 고독을 창조적으로 활용하는 습관을 만드니까 방해받지 않는 고요함 속에서 인생 후반전을 즐겁게 살아가고 있습니다.

우울증을 직접 겪어보지 않은 사람은 그 괴로움을 이해할 수 없습니다. 우울증은 당사자 본인뿐만아니라 가족들에게도 심한 고통을 안겨줍니다. 우울증은 마음의 감기와도 같은 것이므로 상황에 따라서는 약을 처방받는 것이 효과적입니다. 전문의에 의하면 심한 우울증은 전기치료법이 가장 편리하고 효과적이라고 합니다.

13^장 '과잉 분노' 다스리기

'과잉 분노'라는 괴물

최근 뉴스를 보면 최고위층 경영자가 직원에 대한 '과잉 분노'로 국민적인 지탄을 받고 물러나는 사건이 종종 있습니다. 이런 한심한 '과잉 분노'는 사회적 지위가 높은 사람들만의 예외적인 문제가 아니라 누구에게나 일어날 수 있는 일입니다. '과잉 분노'라는 괴물은 자신의 '잠재적 성향'이 만들어 내는 감정 반응이기 때문입니다.

일반 분노	외부의 어떤 대상이 만드는 1차 자동 반응
과잉 분노	나의 '잠재 성향'이 만드는 N차 연속 반응

분노는 인간의 대표 감정 중 하나로서 없앨 수도 없고 반드시 나쁜 것만도 아닙니다. 운전 중에 어떤 차가 갑자기 끼어들어 생명의 위

협을 느꼈다면 순식간에 화가 나는데 이처럼 어떤 외부 대상이 만드는 자동반응이 '일반 분노'입니다. 이는 스스로 통제할 수 없는 일시적인 현상이지만 그 다음부터 나의 잠재 성향이 만드는 연속 반응이 문제입니다. "저 운전자가 나를 위험하게 했으니까 쫓아가서 보복해야겠다."라는 식으로 감정을 부풀려서 행동으로 옮기고 결국 스스로 제 발등을 찍어 침몰하는 것이 '과잉 분노'입니다.

뇌과학에서는 과잉 분노를 '편도체 납치Amygdala hijack' 현상으로 설명합니다. 화를 내면 스트레스호르몬이 급증하여 편도체가 활성화됩니다. 활성화된 편도체는 '이성 뇌'의 판단과 명령을 거부하고 기억의 중추인 해마와 두뇌사령부PFC의 기능을 완전히 장악하는데 이를 편도체 납치라고 부릅니다. 분노를 주체하지 못하고 펄펄 뛰는 사람은 뇌가 진화 초기의 수준으로 잠시 추락해 버린 것과 비슷하다고 볼 수 있습니다.

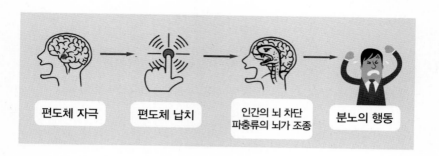

편도체 자극　　　편도체 납치　　　인간의 뇌 차단
파충류의 뇌가 조종　　　분노의 행동

인간의 뇌는 파충류의 뇌(본능의 뇌), 포유류의 뇌(감정의 뇌), 인간의 뇌(이성의 뇌) 순으로 진화했고 그 기본 구조를 지금도 유지하고 있습니다. 편도체 납치현상이 발생하면 상위층 뇌(이성의 뇌)가 기능을 잃고 그 대신 하위층 뇌(본능의 뇌)가 주도한다는 것입니다. 하위층의 뇌는 모든 일을 생존 차원에서 본능적으로 판단합니다. 예를 들면 자동차가 갑자기 끼어들었을 경우에 합리적 사고(고의성 없는 실수라고 판단)를 하지 않고 본능적(생존에 대한 위협)으로 판단하기 때문에 걷잡을 수 없는 과잉 분노에 휩싸이게 됩니다.

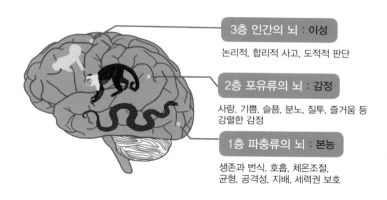

3층 인간의 뇌 : 이성
논리적, 합리적 사고, 도적적 판단

2층 포유류의 뇌 : 감정
사랑, 기쁨, 슬픔, 분노, 질투, 즐거움 등 강렬한 감정

1층 파충류의 뇌 : 본능
생존과 번식, 호흡, 체온조절, 균형, 공격성, 지배, 세력권 보호

나이 들수록 상위층 뇌(이성의 뇌)의 기능이 먼저 약화되고 하위층 뇌(본능의 뇌)의 기능이 상대적으로 강화된다고 합니다. 따라서 과잉 분노는 나이 듦에 따라서 발생 가능성이 높아질 수 있다는 것입니다. 우리가 나이 들면서 마음이 더 넓어지지는 못할망정 파충류 수준으로 퇴화된다면 가족 모두가 불행할 수밖에 없지 않겠습니까? 그

래서 전문가들은 나이 들수록 공부와 명상을 열심히 해서 이성의 뇌인 전전두엽의 기능을 활성화시켜야 한다고 충고합니다.

> "모욕을 받고 이내 발칵 하는 인간은 작은 웅덩이에 불과하다. 마음은 강물처럼 모든 것을 품을 줄 알아야 한다."
>
> – 톨스토이

일단 멈춤 (一止 = 正)

어떻게 하면 분노의 과잉 상태에서 벗어날 수 있을까요? 분노가 걷잡을 수 없이 일어날 때 나의 시선은 오직 외부 대상으로만 향합니다. 그런데 외부 대상은 나의 통제권 밖에 놓여 있는 것이기 때문에 내 마음대로 다스릴 수 없습니다. 따라서 과잉 분노를 다스리려면 나의 시선을 외부의 대상이 아닌 나의 내면으로 되돌려야 합니다.

나의 내면에 주목해야 하는 이유는 최초로 발생한 분노 이외의 나머지 분노가 스스로의 내부반응으로 만들어 낸 과잉 감정이기 때문입니다. 과잉이기 때문에 스스로 통제할 수 있는 것입니다. 내 안에서 활활 타오르는 과잉 분노가 나의 '잠재 성향'이 일으키는 현상임을 알아차리면 분노의 과잉 생산을 중단하고 그 불길을 잠재울 수 있습니다.

최초로 발생한 분노를 억누르지 말고 회피하지도 말며 다만 새로운 먹이 공급을 중단하면서 그대로 관찰하고 기다리면 결국 잠깐의 영향만을 미치고 사라집니다. 먹이 공급을 중단한다는 것은 생각과 감정의 상호작용을 멈춘다는 뜻입니다. 흙탕물을 막대기로 휘젓는 행위를 계속하면서 물이 맑아지기를 바랄 수는 없는 것입니다.

외부 대상에 의하여 자동으로 일어나는 분노가 첫 번째 화살인데 이것은 우리가 복잡한 세상을 살다 보면 누구나 맞을 수 있습니다. 첫 번째 화살을 맞은 후 내부반응으로 확대 재생산되는 생각, 감정, 행동 욕구 등이 N번째 화살이며 이는 내가 나를 향해 쏘는 것입니다. N번째 화살에 의한 분노의 과잉을 다스리는 간단한 수행법을 소개합니다.

첫째는 하버드대학교 질 볼트 테일러Jill Bolt Tailor 교수의 통찰입니다. 그녀는 세계적인 뇌과학자이면서 8년간 뇌졸중을 앓았던 사람으로 유명한데 "분노는 일종의 자동반응이며 90초 안에 분노를 구성하는 화학성분이 혈류에서 완전히 빠져나간다."라는 연구 결과를 발표했습니다. 우리가 90초 동안 '일단 멈춤'의 상태를 유지하는 것만으로도 '과잉 분노'라는 괴물을 피할 수 있다는 주장입니다.

화가 났을 때 90초 멈춤의 신호를 보내는 하나의 단추를 마련해 보세요. 신체의 어느 한 부위에 '일단 멈춤'의 단추가 있다고 상상하는 것입니다. 분노라는 괴물과 생각이라는 쓰레기가 서로에게 먹이를 공급하려고 할 때 그 단추를 누르고 계세요.

올바르게正 살려면 좋을 때나 싫을 때나 감정의 과잉 상태에서 일단一 멈춤止할 줄 알아야 합니다. 감정의 과잉상태가 가라앉을 때까지 단추를 누르면서 마음속으로 말해 보세요.

멈춰—止! 멈춰—止! 일단 멈춰—止!

둘째는 차드 멍 탄Chade-Meng Tan의 시베리아 북부철도Siberian North Railroad라는 프로그램입니다. 차드 멍 탄은 구글의 초기멤버로서 엔지니어링 분야에서 성공적인 활동을 하던 중 명상의 효과에 고무되었고 구글과 세계적인 명상지도자들의 지원을 받아 이 프로그램을 만들었습니다. 이 프로그램은 기억하기 쉽고 적용하기에도 편리한 장점이 있습니다.

시베리아 북부철도: SiBerian North RailRoad

1단계 : 멈춘다 Stop

2단계 : 호흡한다 Breathe

3단계 : 바라본다 Notice

4단계 : 반성한다 Reflect

5단계 : 반응한다 Respond

그는 "분노라는 괴물은 우리들의 분노에 찬 이야기를 먹고 산다. 먹을 이야기가 없으면 굶주리다가 슬그머니 자취를 감춘다."라고 말했습니다. 과잉 분노가 올라올 때 눈을 감고 시베리아 들판을 달리는 열차의 모습을 상상해 보세요. 일단 멈추어서(1단계) 호흡에 집중하고(2단계) 내면에서 일어나는 느낌과 생각과 감정을 있는 그대로 바라보세요(3단계). 힘이 들면 4단계나 5단계까지 진행하지 않아도 괜찮습니다.

사람과 사람 사이의 관계는 넓은 그물망에 비유됩니다. 우리들 각자는 하나하나의 그물코와 같은 존재로서 서로 연결되어 있습니다. 가까운 위치에 있는 그물코끼리 서로 밀고 당기는 힘이 강하며 멀리 있는 그물코들은 서로에게 큰 영향을 미치지 않습니다.

가족, 친구, 이웃 등 가까이 있는 사람일수록 관계가 크게 망가질 가능성이 높습니다. 바로 옆에 있는 그물코끼리 밀쳐 내는 힘이 훨씬 강하기 때문입니다. 과잉 분노를 다스리지 못하여 가족이나 친지 사이의 관계가 형편없이 망가지는 경우를 종종 볼 수 있습니다.

14^장 고통의 숨은 가치

신체의 고통

　　나이 들수록 몸이 가장 빨리 반응합니다. 융C. G. Jung은 이를 "중년기의 부인할 수 없는 신체적 변화Undeniable Bodily Changes" 라고 표현했습니다. 우리는 누구나 생로병사로 조건 지워진 삶을 살아가며 나이 듦에 따르는 신체 변화는 그런 조건이 무르익어 생기는 당연한 현상입니다. 따라서 우리는 이를 있는 그대로 수용하면서 고통스런 변화의 이면에 숨어 있는 가치를 알아차리는 일이 중요합니다.

　저자는 망막혈관폐쇄증(속칭 눈중풍) 때문에 왼쪽 눈에 주사를 네 번 맞은 적이 있습니다. 시력이 떨어지고 불편해서 안과를 갔는데 작은 혈관 하나가 막혔다고 진단했습니다. 눈동자를 주사 바늘로 찌르는 것은 처음 경험하는 일로서 황당하고 두려웠습니다. 그런데 이런 주사를 맞는 사람들이 많다는 사실을 알고 깜짝 놀랐습니다. 짜증을 내는 저자에게 의사는 심장이나 뇌의 혈관이 막히지 않은 것만으로도 다행으로 생각하라고 말했습니다. 나이 들어서 암 다음으로 위험한 것이 심뇌혈관계질환입니다.

눈을 60여 년이나 사용했는데도 여전히 잘 작동되고 있으니 그것만으로도 무척 고마운 일입니다. 의사의 말처럼 심뇌혈관계 질환이 발생하지 않은 것만으로도 정말 다행스런 일입니다. 나의 몸 전체로 다가오고 있던 위험을 눈의 가느다란 실핏줄 하나가 홀로 감당해 낸 것입니다. 최전방에서 스스로를 희생하여 큰 위험을 일단 막아냈습니다. 마치 장비가 장판교에 홀로 버티고 서서 조조의 대군을 막아서던 장면이 떠올랐습니다.

저자는 이 사건이 나쁜 습관을 확 바꾸는 직접적인 계기가 되었습니다. 이때부터 좋아하던 술도 완전히 끊고 체중도 감량하기 시작했습니다. 눈의 고통 덕분으로 더 큰 문제를 예방할 수 있게 된 것입니다. 인생 후반전에 들어서 몸의 어느 부분에 갑작스런 이상이 생겼다면 그것이 전하려는 경고의 메시지에 귀 기울여야 합니다. 아픈 부분만 일시적으로 처방하지 말고 그 이면에 숨어 있는 깊은 뜻을 알아차려야 합니다. 저자는 눈에게 감사를 전하며 눈 운동도 매일 열심히 하고 있습니다. "소중한 눈아! 늘 고맙고 미안하다!" 이제 저자의 왼쪽 눈은 거의 예전 수준으로 회복되었습니다.

저자는 2018년 가을에 종기 제거 수술을 받았습니다. 왼쪽 견갑골 부위가 약간 부어올라 대수롭지 않게 방치했는데 종기로 확인되었습니다. 역사 드라마에서 가끔 보았던 등창이나 욕창과 같은 것입니다. 의사의 말에 의하면 과거에는 항생제가 없어서 종기로 사망하는 사람이 많았다고합니다. 조선시대 임금 27명 중 12명이 종기로 사망했다고 하니까 옛날 같았으면 죽을 병에 걸렸던 셈입니다.

플레밍이 최초의 항생제인 페니실린을 발견한 때가 1928년이었으니까 지금으로부터 불과 90여 년 전의 일입니다. 그 이후 생물학자, 의사, 과학자, 간호사 등 수많은 사람들의 노력이 없었다면 저자는 이미 죽은 목숨이나 마찬가지입니다. 우리는 수많은 존재들의 보이지 않는 도움 덕분으로 살고 있습니다. 내가 존엄과 가치를 가진 인간으로서 지금 여기에 멀쩡하게 살아서 존재하고 있다는 사실만으로도 기적이고 감사해야 일입니다.

"고통은 병든 자아를 고쳐 주기 위하여 처방된 쓰디쓴 약이다."
– 칼릴 지브란

"아픔을 통하여 우리는 예전엔 미처 몰랐던 자신의 한계를, 슬픔을, 결핍을, 어쩔 수 없음을 배운다. 건강할 때 우리는 초원을 달리는 야생동물과도 같지만 아프고 힘들 때, 우리는 한자리에서 움직이지 못하는 식물을 닮았다. 하지만 식물처럼 연약하고 움직이지 못하는 존재가 되는 순간에, 우리는 자신의 가장 솔직한 본성과 만나게 된다."
– 정여울

마음의 고통

　　　　나이 듦은 온갖 종류의 심리적 고통도 데리고 옵니다.
융C. G. Jung은 이를 내면과 환경의 변화 때문이라고 설명했습니다.
대표적인 요인으로는 극복하기 어려운 경제·사회적 현실에 대한 실
망, 지난날에 대한 마음의 상처, 자아상의 갑작스런 상실, 삶에 대한
일반적인 환상에서 깨어남, 인간관계의 침체 등을 들었습니다.

　지인 중 어떤 분은 어머님의 갑작스런 사망, 남편의 명예퇴직, 아
들의 군 입대라는 주요 사건들이 동시에 겹치면서 심한 우울증에 빠
졌습니다. 상담 초기에는 숨 쉬기도 힘들다고 하소연할 정도로 심각
한 수준이었습니다. 어머님에 대한 헌신적인 보살핌, 남편의 직장생
활에 대한 지원, 아들과의 정서적인 유대감과 같은 익숙한 일상들이
원치 않는 방향으로 갑자기 침체되면서 삶의 활력을 잃고 무기력에
빠진 것이었습니다.

　부모님은 언젠가 돌아가시고 직장인은 언젠가 퇴직하며 자식은
언젠가 부모의 곁을 떠나기 마련입니다. 하지만 아직도 멀리 있을
것으로만 생각했던 그런 일들이 막상 현실화되면 평정심을 유지하
기가 쉽지 않습니다. 그분은 다행스럽게도 우울증을 극복하려는 의
지가 강했으며 지인들도 적극적인 지지와 공감으로 도움을 주었습
니다. 지금은 내면이 한층 더 성숙해진 모습으로 인생 후반전을 잘
살아 내고 있습니다.

저자는 「나는 자연인이다」라는 TV 프로그램을 가끔 봅니다. 자연인들의 상당수는 지난날 삶의 모진 고통을 체험했던 사람들입니다. 성공을 향하여 앞만 보고 달리다가 중대질병을 얻은 사람, 사기나 부도를 맞고 도시에서 등 떠밀린 사람, 가족관계가 회복 불가능할 정도로 망가진 사람도 있습니다. 그들의 고통스런 삶 이야기를 듣고 있으면 다시는 행복을 입에 담을 수 없을 것 같은데도 그들은 "이보다 더 행복할 수는 없다."라고 말합니다. 저자는 그들이 주장하는 행복의 근거가 무엇일까에 대하여 생각해 보았습니다.

첫째는 다른 존재들을 진정으로 사랑하는 마음입니다. 개, 닭, 벌, 약초, 농작물, 나무 등 자신과 연결되어 있는 존재들을 색다른 눈으로 바라보고 고마움을 느끼기 때문입니다. 둘째는 가족의 고통을 깊이 이해하고 배려하는 마음입니다.

나를 위하여 평생을 헌신하신 부모님, 속상한 일들과 엄청난 고생을 참아 내야만 했던 아내, 바쁘다는 핑계로 소홀히 했던 자식들은 물론 자기 자신을 제대로 알지 못했던 어리석음을 진정으로 뉘우치기 때문입니다. 자연인들은 큰 고통을 겪은 이후에 비로소 삶을 다시 바라보고 마음 쓰는 방식을 바꾸면서 뒤늦게 행복을 찾을 수 있었던 것 같습니다. 우리가 고통스런 체험을 연료로 삼아서 '내면의 힘'을 기른다면 행복한 삶을 살아갈 수 있게 될 것입니다.

"세상 모든 것은 혼자 오지 않는다. 행복은 키 작은 불행을 올망졸망 달고 오고 사랑은 슬픔의 손을 잡고 오고 세상의 모든 해독제를 소매 속에 감추고 온다."

— 정화 스님

"어떤 차원이든 앞으로 나아가거나 성장하면 기쁨과 함께 고통이라는 대가를 치른다. 충만한 삶은 고통으로 충만할 것이다. 인생의 본질은 변화, 즉 성장과 쇠퇴의 모음이다. 삶과 성장을 선택하라. 그것은 변화와 죽음의 가능성을 함께 선택한 것이다. 정당한 고통을 피하려는 시도는 모든 심리적 질환의 원인이 된다. 인생에서 유일하고 진정한 안전이란 생의 불안정을 맛보는 데 있다."

— M. 스캇펙

"인생 2막의 시작은 삶의 여정에서 고통스런 순간이다. 그러나 이는 고통을 통하여 보다 깊은 의미를 경험하라는 내면의 초대를 받은 것이다. 삶의 후반은 우리가 노력하지 않고는 의식으로 끌어올리기 어려운 진실들을 지속적으로 만나는 과정이다. 환경이 아무리 열악하더라도 우리는 큰 문제들이 걸려 있고 또 신성한 드라마가 펼쳐지는 무대의 한가운데로 나아가야 한다. 깊은 정신적 바탕에서 삶을 차분하게 살아가면서 영적으로 삶을 확장시키고 있는 사람은 드물다. 한동안 삶의 애매모호함 속에서 사는 위험을 감수해야 한다. 내가 나 자신을 보다 심오한 의미에서 '나'라고 부를 수 있어야 한다."

— 제임스 홀리스

'내면의 힘' 기르기

'고통의 숨은 가치' 나누기

'고통의 숨은 가치'를 알면 삶의 소중한 디딤돌이 됩니다.
고통이 전하려는 메시지에 귀 기울이면 인생이 달라집니다.

1. 3명이 한 팀으로 서로 마주 보고 앉습니다.

2. 지나온 삶 속에서 자신이 경험했던 고통과 이로부터 얻은
   교훈을 각자 5분씩 이야기합니다. (한 명씩 돌아가면서)

3. 끝까지 진지하게 경청하고 이야기가 끝나면 격려해 줍니다.

15^장 '지금 여기'에 충만한 삶

'지금 여기'

　　　심리학자 매트 킬링스워스M. Killingsworth는 'tracky-ourhappiness.org'라는 사이트와 손잡고 전화를 통하여 행복을 실시간으로 검증했습니다. 1만 5천 명에게 아무 때나 신호를 보내서 65만 건의 실시간 데이터를 수집했습니다. 참가자들은 18세부터 80대 후반까지로 수입과 학력도 각양각색이었고 결혼, 이혼, 사별한 사람도 있었습니다. 80개국 사람들로서 86개 직업군에 해당되며 지역별·직업별로도 무차별적인 분포였습니다.

　이렇게 수집한 방대한 데이터를 분석한 결과, 행복에 결정적인 영향을 미친 요인은 무엇이었을까요? '딴 생각Mind-wandering'을 할 때 행복도가 훨씬 떨어지는 것으로 나타났습니다. '딴 생각'을 할 때는 과거의 나쁜 기억이나 후회, 미래에 대한 걱정이나 불안에 휩싸이는 경우가 많기 때문입니다. 그림에서 보는 것처럼 '딴 생각'을 하지 않고 '지금 여기'에 집중할 때 행복도가 두 배 이상으로 높았습니다.

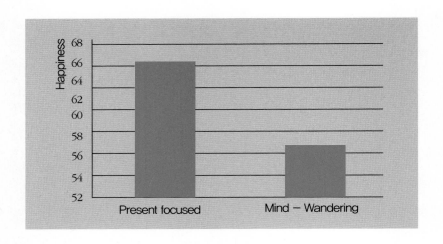

'지금 여기'는 철학자, 심리학자, 종교지도자에 이르기까지 수많은 현인들이 강조하는 행복의 제1요건입니다. 몸은 약 60조 개의 세포로 구성되어 있으며 매일 1,000만 개 이상이 사라지고 생기면서 변합니다. 따라서 우리는 항상 변하는 존재로서 단 한순간도 똑같은 나의 모습으로 존재하지 않습니다. '지금 여기'에 펼쳐지는 매 순간마다 사실상 '난생 처음인 나'로 살고 있는 것이며 삶은 끝없는 '난생 처음인 나'들의 연결입니다.

앞장에서 어느 심리학자가 하루 종일 방문을 걸어 잠근 채 떠오르는 모든 생각들을 있는 그대로 옮겨 적고 며칠이 지난 후 다시 읽어보았더니 90% 이상이 부질없는 잡념들에 불과했다는 내용을 소개했습니다. 우리는 틈만 나면 과거와 미래 사이를 쉼 없이 오락가락하면서 생각쓰레기에 파묻혀 살아가고 있습니다. 시간이 남아돌아서 지루하고 답답하게 느껴질 때 더욱 그렇습니다. '지금 여기'의 일상에 집중하는 것은 말처럼 쉬운 일이 아니며 20장에서 이에 대한 효율적인 실천 방법을 소개합니다.

"마음은 언제나 '지금 여기'를 부정하고 탈출하려 한다. '지금 여기'를 있는 그대로 받아들이고 존중할수록 고통으로부터, 번뇌로부터 자유로워진다. 과거에 기인하는 엄청난 양의 고통이 마음의 보호를 받으며 잔재로 남아 있다. '지금 여기'를 삶의 구심점으로 삼으라. '지금 여기'에 저항하지 마라. '지금 여기'를 적이 아닌 동맹자로 삼으면 삶 전체가 기적적으로 바뀔 것이다."
　　　　　　　　　　　　　　　　　　　　 – 에크하르트 톨레

"행복은 늘 보던 것을 지금까지와 다른 눈으로 보는 것이다. 삶은 오직 '지금 여기' 이 순간에만 펼쳐진다. 우리는 언제나 '지금 여기'에 존재하고 있음을 깨닫지 못한다. 우리는 '지금 여기'에서 충분히 좋은 것을 발견할 수 있다."
　　　　　　　　　　　　　　　　　　　　 – 마크 윌리엄스

"생각은 과거와 미래 사이를 오간다. 즉, 근심과 두려움 사이를 오간다. 이 순간에 머무는 당신의 능력에 맞서 강렬한 근심이 도전해 온다. 이런 강렬함이 부서짐 단계의 특징이다. 이런 어려움을 느낄 때 당신이 할 일은 그저 이 순간으로 돌아오는 것이다. 이 순간에 머물기는 단순한 연습이 아니라 존재의 방식이다."
　　　　　　　　　　　　　　　　　　　　 – 수전 앤더슨

"우리는 자신의 육체와 마음속에서 투쟁하는 습관이 있다. 우리는 오직 미래에만 행복해질 수 있다고 믿는다. 나는 이미 도착했다는 사실을 깨닫는 것이 중요하다. 우리가 행복해지기 위한 조건은 이미 충분하다. 단지 '지금 여기'에 존재하기만 하면 된다. 마음의 평화는 '지금 여기'에 있다."

– 틱낫한

평정심과 호흡

'지금 여기'의 삶에 집중하기 위하여 평정심을 키우는 훈련이 필요합니다. 평정심은 불안 때문에 더 불안해지고 두려움 때문에 더 두려워지고 분노 때문에 더 화가 나고 슬픔 때문에 더 슬퍼지는 정서적인 악순환에 휘둘리지 않는 마음입니다. 모든 것은 항상 변하기 마련이라는 무상無常의 진리를 진정으로 받아들이는 참된 마음입니다. 기쁘거나 슬프거나 운이 좋거나 나쁘거나 크게 흔들리지 않고 고요한 마음을 유지할 수 있는 힘입니다.

"삶이 바쁘고 힘들수록 나에게 고요함이라는 특별한 선물을 주세요. 하던 일을 잠시 멈추고 눈을 감고, 몸이 지금 어떻게 느끼는지 마음이 지금 어떤 말을 하는지 한 발짝 떨어져서 거울처럼 비추어 보세요."

– 혜민 스님

"화가 머리끝까지 치솟고 심장이 분노로 쿵쾅거려도 가만히 제자리에 앉아서 평정심을 유지할 때, 우리 마음에 새로운 힘, 행복의 근원이 생긴다. 자신을 길들일 기회가 열린다. 이것이 바로 행복의 근원을 다지는 가르침이다."

– 페마 초드론

직장에서 물러나 사회적 역할 없이 지내다 보면 '지금 여기'의 삶이 마냥 단조롭고 메마른 평원처럼 느껴지면서 막연한 불안감에 휩싸일 때가 많습니다. 따라서 좋지 않은 감정의 소용돌이에 빠져들게 되고 평정심을 잃을 수 있습니다. 이럴 때마다 내 곁으로 즉시 달려와 격려해 줄 수 있는 친구가 있다면 얼마나 든든할까요?

내가 힘들 때 늘 함께할 수 있는 확실한 친구 하나를 소개합니다. 호흡입니다. 우리는 호흡의 중요성을 무시하지만 수행자들은 수천 년 동안 마음의 평화를 위하여 호흡을 중시했습니다. 세계적인 사상가 틱낫한은 "지금 여기의 삶으로 돌아오는 가장 빠른 방법은 호흡을 자각하는 일이다."라고 강조했습니다. 호흡은 몸과 마음의 접점으로서 신체뿐만 아니라 모든 생각과 감정에도 영향을 미칩니다.

따라서 호흡은 예로부터 마음수행의 가장 중요한 수단이었습니다. "호흡에 마음이 붙어서 놓치지 않으며, 호흡에 대한 현상을 분명히 알며 호흡에 마음이 닿아서 확고한 상태에 이르는 것이 마음 수행의 핵심입니다. 이 상태가 되면 마음에 불순한 것이 들어올 수 없으며 마치 물속에 가라앉은 커다란 바위처럼 깊이 있는 마음챙김이 가능해집니다."

호呼는 숨을 내쉬는 것, 흡吸은 숨을 들이쉬는 것입니다. 날숨과 들숨 사이에 있는 멈춤의 순간을 포함하여 날숨·멈춤·들숨의 과정이 호흡입니다. 음식이나 물이 없이도 며칠을 살지만 호흡이 없으면 10

분도 못 버팁니다. 좋은 호흡은 에너지 높임, 피로 줄임, 스트레스 줄임, 면역력 높임, 집중력 높임, 내면의 평화에 좋은 영향을 미칩니다.

성인은 한 번의 들숨에 0.5L의 공기를 마시는데 질소 79%, 산소 20%, 나머지는 이산화탄소 및 수증기 등으로 구성되어 있습니다. 내쉬는 공기는 질소 79%, 산소 16%, 이산화탄소 4%, 기타 1%로서 호흡을 통하여 4%의 산소와 이산화탄소가 교환되는 셈입니다. 폐에서 산소를 공급받은 혈액은 심장을 거쳐 몸 전체로 퍼져 나감으로써 산소와 영양분을 전달합니다. 반면 신진대사에 의하여 생기는 이산화탄소 등 노폐물은 날숨에 실려서 몸 밖으로 배출됩니다.

[호흡의 구성]

과 정	느 낌	감 정	성분 및 효과
호(呼) 내쉼 (날숨)	이 완 (평온감)	감 사 (感謝)	**마시는 공기** : 79% 질소, 20% 산소, 0.04% 이산화탄소, 기타
멈춤 (날숨 ↔ 들숨)	절 정 (따뜻함)		**내쉬는 공기** : 79% 질소, 16% 산소, 4% 이산화탄소, 기타
흡(吸) 들이쉼 (들숨)	긴 장 (에너지)		**효과** : 에너지, 면역력, 집중력, 평온감↑ 피로, 스트레스↓

호흡을 의도적으로 조정하지 않고 한 발짝 뒤에서 따라간다고 생각해 보세요. 호흡의 전체 과정을 따라가고 있으면 흔들리지 않는 마음의 평화를 회복할 수 있습니다. 마음이 부정적인 감정으로 흔들릴 때 마다 호흡으로 돌아가 보세요. 날뛰는 마음을 호흡이라는 말뚝에 붙들어 매는 습관을 길러 보세요.

앉거나 눕거나 서거나 호흡에 집중하는 습관을 길러 보세요. 들숨과 날숨, 그 사이의 멈춤에서 생기는 따뜻함과 긴장감을 느껴 보세요. 맑은 에너지가 온몸으로 퍼져 나가는 미세한 감각을 느껴 보세요. 복식호흡을 자주 하면 더욱 좋습니다.

숨을 길게 들이쉬고 멈추었다가 길게 내쉬기를 반복한 후에 자연스런 상태의 호흡에 머물러 보세요. 복부까지 깊게 들이마시는 긴 숨을 복식호흡, 평소의 짧은 숨을 흉식호흡이라고 부릅니다. 복식호흡을 하는 데 특별한 기술이 필요한 것은 아니며 그냥 길게 들이쉬고 내쉬면 됩니다.

들숨에 복부가 볼록해지면서 가슴과 목까지 공기가 차례로 채워지는 감각을 느껴 보세요. 날숨을 들숨보다 길게 내쉬면 부교감신경이 활성화되어 빨리 안정화될 수 있습니다. 복식호흡은 1분당 5~7회 (흉식호흡은 15~20회)를 하는데 호흡의 횟수를 무리하게 줄일 필요는 없습니다.

두 가지 실용적인 호흡법

[교호흡법]

콧구멍을 청소하는 방법이며 막혀 있던 한쪽의 콧구멍이
자연스럽게 뚫리는 신기한 현상을 경험할 수 있습니다.

1. 엄지손가락으로 오른쪽 콧구멍을 막은 상태에서 왼쪽 콧구멍만을 이용하여 숨을 길게 들이마시고 잠시 멈춥니다.

2. (멈춘 상태 그대로) 손가락을 떼어 왼쪽 콧구멍을 막은 상태에서 오른쪽 콧구멍만을 이용하여 숨을 길게 내쉬고 들이마신 다음에 잠시 멈춥니다.

3. 위와 같은 방식으로 오른쪽과 왼쪽의 콧구멍을 번갈아 가면서 10회 이상 반복합니다.

(한쪽의 콧구멍이 막혀 있는 경우가 많은데, 위의 호흡을 반복하면 자연스럽게 뚫리는 신기한 현상을 경험합니다.)

[심호흡법]

자율신경계의 균형을 유도하여 긴장을 해소하고
마음을 고요하게 만듭니다.

. . . .

1. 등과 어깨를 곧게 펴고 최대한 이완하며 몸의 균형을 잡습니다.
   (가슴을 편안히 이완시키고 횡격막에 압력을 가하지 않음)

2. 가볍게 숨을 내쉰 후 코를 이용하여 천천히 숨을 들이마십니다.
   (코는 공기를 정화(filtering) 및 가온(加溫)하는 기능이 있음)

3. 배에서 가슴까지 차례로 신선한 공기가 차오르는 것을 느낍니다.

4. 가득 채워진 공기가 반대의 순서로 빠져나가는 것을 느낍니다.
   (처음에는 날숨을 들숨보다 길게 하여 부교감신경을 활성화)

5. 평소에는 1분에 약 15-20회 정도 호흡하는데, 심호흡을 할 때는
   1분에 약 5-7회 정도 호흡합니다.
   (횟수를 무리하게 줄일 필요 없음).

6. 심호흡을 하다가 평소의 호흡으로 자연스럽게 넘어갑니다.

7. 부정적인 감정을 더 잘 내보내고 싶다면 숨을 들이쉴 때 '그냥(let)',
   내쉴 때 '나간다(go)'라고 마음속으로 주문처럼 반복합니다.

. . . .

16^장 욕구와 행복에 대한 지혜

욕구의 변화

인생 후반전에서 삶에 대한 가치관 차이로 갈등을 빚는 부부들이 예상외로 많습니다. 부부가 수십 년을 같이 살면 많이 닮는다는 말이 있지만 실제로는 그렇지도 않은 것 같습니다. 음식이나 취미 등은 그렇다고 치더라도 삶의 가치관과 같은 본질적인 문제는 오히려 더 멀어질 수도 있습니다. 금슬이 좋은 사이인데도 불구하고 인생 후반전을 시작하면서 삶의 가치관 대립으로 황혼이혼이나 졸혼을 하는 부부들을 종종 보았습니다.

어떤 지인은 산전수전 다 겪으며 사업으로 부자가 됐고 아내도 조력자 겸 전업주부로서 열심히 살아왔습니다. 아내는 앞으로 인생 후반전을 남편과 함께 여가활동에 치중하면서 살고 싶어 합니다. 그런데 남편은 여전히 오전인생과 동일한 맥락으로 물질적인 욕구를 충족하는 일에 매진하려 합니다. 남편은 아내가 아직 세상물정을 잘

모르는 철없는 사람이라고 말하며 아내는 남편이 돈만 아는 사람이라고 평가절하합니다. 2~3년간 티격태격하며 감정의 골이 깊어지더니만 결국 갈라서게 되었습니다.

저자는 어떤 중년 여성을 상담한 적이 있습니다. "남편이 지인들에게는 친절히 대하면서도 정작 아내에게는 무뚝뚝하기만 하다. 건강을 염려해서 술담배를 줄이라고 수없이 권유하지만 항상 마이동풍이다. 지인들과 어울려 밤늦도록 술을 마시는 일이 잦은데 사업상 어쩔 수 없다는 틀에 박힌 핑계만 늘어놓는다. 그래서 부부싸움이 커지면 출가한 딸의 집으로 며칠간 피신해 있다가 돌아오지만 상황은 늘 그대로이다."라고 불평했습니다.

앞의 사례들을 욕구의 변화 관점에서 이해할 수 있습니다. 욕구란 무언가를 소유하거나 행동하고자 하는 갈망으로서 나이에 따라 끊임없이 변하기 마련입니다. 오전인생에서는 부부가 새로운 가정의 기초를 다지고 직장생활에 올인하는 단계였으므로 욕구체계도 비슷했습니다. 그러나 인생의 후반전으로 넘어가면서 부부간의 욕구체계도 각자의 가치관에 따라서 달라질 수 있습니다. 최근에 황혼이혼, 졸혼이 급증하는 현상도 부부간 욕구체계의 충돌에서 비롯된 경우가 실제로 많습니다.

매슬로우Abraham H. Maslow의 욕구단계론은 누구에게나 익숙한 이론입니다. 이에 따르면 인간의 욕구는 5단계가 있는데 1단계는 생리적 욕구, 2단계는 안전의 욕구, 3단계는 사랑과 소속의 욕구, 4단계는 존경의 욕구, 5단계는 자아실현의 욕구입니다. 여기서 각 단계별 욕구는 그 강도나 중요성에 따라 계층적으로 배열된 것이며 인간의 행복 그 자체를 계층적으로 나타낸 것은 아닙니다. 하위단계의 욕구가 충족되어야만 비로소 다음 단계의 욕구가 생기는데 그 충족이란 것의 정도가 사람마다 완전히 다른 것이 문제입니다.

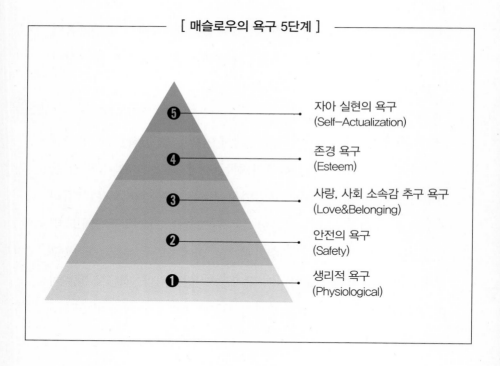

[매슬로우의 욕구 5단계]

❺ 자아 실현의 욕구
(Self-Actualization)

❹ 존경 욕구
(Esteem)

❸ 사랑, 사회 소속감 추구 욕구
(Love&Belonging)

❷ 안전의 욕구
(Safety)

❶ 생리적 욕구
(Physiological)

앞의 그림에다가 여러분 각자의 욕구 단계를 표시해 보세요. 나는 현재 어떤 단계의 욕구에 가장 큰 관심과 에너지를 쏟고 있으며 앞으로 인생 후반전에서는 어떤 욕구를 중심적인 가치로 세워서 살아갈 것인가? 나는 현재 각 단계별 욕구가 어느 정도 충족되어 있는가에 대하여도 생각해 보세요. 부부의 욕구체계가 서로 비슷한 상태에 있다면 좋을 텐데 만약 전혀 다른 상태에 놓여 있다면 이 문제로 갈등이 증폭될 가능성이 높습니다.

욕구 체계는 일상을 살아가는 방식에 큰 영향을 미칩니다. 부부가 수십 년을 같이 살았어도 원하는 욕구가 다르면 곳곳에서 삶의 방식이 충돌합니다. 앞의 사례도 이와 같은 경우입니다. 아내는 인생 후반전에서 3~5단계의 욕구로 살고 싶은데 남편은 1~2단계에 머물러 있으면 서로 주파수가 안 맞아서 갈등을 겪게 됩니다. 부부가 인생 후반전을 같은 방향으로 협력해서 나가기는커녕 각자 제 갈 길로 가면서 사사건건 갈등을 빚는 것은 불행한 일입니다. 따라서 서로간의 욕구 차이를 공감하고 인정하거나 또는 대화를 통하여 이를 합리적으로 재조정하는 지혜가 필요합니다.

자아실현의 욕구란 무엇일까요? 먹고 살 만하니까 별 소리를 다 한다는 식으로 냉소하는 사람도 있습니다. 자아실현이고 뭐고 돈이나 많이 벌어서 눈치 안 보고 놀면서 릴랙스하게 사는 것이 최고일 수도 있습니다. 그러나 학자들은 인생 후반전에서 가장 중요한 삶의 동기가 자아실현이라고 말합니다. 자아실현이란 특별한 사람들만의 관심사이거나 추상적인 목표가 아닙니다. 자아실현은 자신의 잠재력과 강점을 의미 있게 사용하려는 욕구이며 나다운 나가 되어 진정으로 원하는 삶을 살고자 하는 것입니다.

욕구와 행복지수

아리스토텔레스는 윤리학에서 "인간이 그 자체로서 추구하는 유일한 것이 행복이다."라고 말했습니다. '인생 후반전을 어떻게 살 것인가?'라고 묻는다면 아마도 행복을 떠올리는 사람이 많을 것입니다. 우리가 무엇을 하든 감정의 밑바닥은 행복과 연결되어 있으며 행복은 순간순간 삶의 질을 결정짓는 요소입니다. 어떤 것이 행복한 삶인가에 대하여는 다양한 관점이 존재하지만 저자는 욕구와 행복에 관한 이론이 쉽게 와닿습니다. 행복지수는 욕구와 관련성이 높으며 '가진 것'과 '바라는 것'의 함수입니다.

욕구와 행복	행복 = f (가진 것, 바라는 것) ☞ 가진 것 ÷ 갖고 싶은 것 (충족된 욕구 ÷ 원하는 욕구)
행복지수를 늘리는 방법	첫째: 욕구를 충족하는 기쁨 (분자 늘리기) 둘째: 욕구를 내려놓는 기쁨 (분모 줄이기)

행복지수는 분자를 늘리거나 분모를 줄일 때 올라갑니다. 욕구를 충족시키든가 아니면 내려놓을 때 행복지수가 커진다는 뜻입니다.

분모를 고정하고 분자만 늘리면 정비례(正比例: 변화량이 동일) 방식으로 분자를 고정하고 분모만 줄이면 한계체증(限界遞增: 변화량이 커짐) 방식으로 행복지수가 증가합니다. 초기에는 분자를 늘리는 방식이 행복지수에 더 큰 영향을 미치지만 시간이 지날수록 분모를 줄이는 방식이 행복지수에 더 큰 영향을 미칩니다.

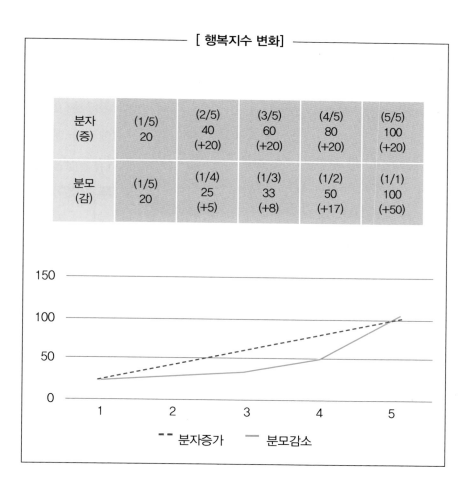

[행복지수 변화]

분자 (증)	(1/5) 20	(2/5) 40 (+20)	(3/5) 60 (+20)	(4/5) 80 (+20)	(5/5) 100 (+20)
분모 (감)	(1/5) 20	(1/4) 25 (+5)	(1/3) 33 (+8)	(1/2) 50 (+17)	(1/1) 100 (+50)

- - 분자증가   — 분모감소

인생 전반전의 행복지수는 돈·명예·지위·권력과 같은 물질적인 욕구의 충족에 영향을 많이 받았습니다. 그런데 인생 후반전에서는 그런 욕구들이 지속적으로 충족되기 어렵습니다. 오히려 갈수록 침체되는 쪽으로 변하는 것이 삶의 일반적인 패턴입니다.

따라서 욕구를 내려놓는 쪽으로 바꾸지 않으면 행복지수를 높이기 어렵습니다. 인생 후반전에서는 성공해야 행복한 것이 아니라 행복해야 성공한 것입니다. 온갖 욕심을 챙기려고만 안달하지 말고 이제부터는 쿨하게 내려놓을 수도 있는 지혜가 필요합니다.

재미있는 사례로서 술과 행복의 관계를 소개합니다. 저자는 둘째가라면 서러운 애주가였는데 퇴직 후 2년이 지난 시점에 술을 완전히 끊었습니다. 좋아하는 술을 완전히 끊는다는 것은 정말로 어려운 일입니다. 술을 끊고 처음 몇 개월은 재미도 없고 활력도 완전히 떨어지는 걸 느꼈습니다.

술에 대한 강한 욕구를 내려놓으니까 처음에는 그래프에서 보는 것처럼 불만족 공간(금단의 영역)이 점점 커졌습니다. 그런데 시간이 지날수록 그 불만족 공간이 색다른 질감의 즐거움으로 대체되었습니다. 술을 끊으면 정말로 좋은데 설명하기가 어렵습니다. 건강은 물론이고 몸과 마음이 청정해져서 예전보다 훨씬 더 만족스럽습니다.

Part Ⅲ

'새로운 습관' 만들기

"처음에는 우리가 습관을 만들지만
그 다음에는 습관이 우리를 만든다."

– 존 드라이든

17^장 생활습관병 예방하기

나쁜 습관의 악순환

서울대병원은 성인병 대신에 생활습관병이라는 용어를 사용합니다. 성인병의 원인이 나쁜 생활습관에 있기 때문입니다. "생활습관병은 질병의 발생과 진행에 식습관, 운동습관, 휴양, 흡연, 음주 등의 생활 습관이 미치는 영향을 받는 질환군을 말한다. 고혈압, 당뇨병, 비만, 고지혈증, 동맥경화증, 협심증, 심근경색증, 뇌졸중, 만성폐쇄성폐질환, 알코올성 간질환, 퇴행성관절염, 악성 종양 등이 해당된다." 서울대병원 의학정보에 실려 있는 내용인데 인생 후반전에 발생하기 쉬운 중대질병이 모두 포함되어 있습니다.

통계청이 발표한 우리나라 사망 원인 10위를 보면 자살과 교통사고를 제외하고 나머지는 모두 생활습관병입니다. 또한 미래에셋은퇴연구소가 50~60대 1,044명을 조사한(2016년) 바에 따르면, 네 명 중 한 명 이상이 중대질병을 경험한 것으로 나타났습니다. 인생 후반전을 시작하면서 중대질병에 걸린다면 돈, 명예, 권력이 무슨 소용이 겠습니까?

오전인생에서는 젊었기 때문에 습관에 의한 문제가 크게 나타나지 않았습니다. 냄비 속의 물 온도가 10도이거나 99도이거나 외관상 똑같지만 99도에서 마지막 1도가 보태지는 순간에 상상도 못할 대변화가 일어납니다. 인생 후반전을 시작하는 시기를 물의 온도에 비유한다면 이미 70도를 넘어서 가속화 상태에 있는 것입니다.

습관도 관성慣性의 법칙이 작용하며 그 힘은 시간이 갈수록 더욱 강력해집니다. 관성은 물체가 외부로부터 힘을 받지 않을 때 처음의 운동 상태를 유지하려는 성질입니다. 수십 년간 몸에 밴 나쁜 습관은 관성력을 갖고 있으므로 반대 방향으로 더 강력한 힘을 가하지 않으면 멈춰 세울 수 없습니다. 따라서 사소한 습관이라도 이를 바꾸려면 최소한 3주 이상의 꾸준한 노력이 필요합니다.

인생 후반전에서 가장 중요한 일은 중대질병에 걸리지 않고 건강하게 오래 살아남는 것입니다. 따라서 나쁜 습관을 확 바꾸는 일이 필수입니다. "인생 뭐 있어? 술 · 담배 다 끊고 무슨 재미로 살아?" 이러다가 어느 날 갑자기 중대질병을 선고 받으면 그때부터 가족까지 총동원해서 난리를 피우는 일은 없어야겠습니다.

습관의 악순환 원리를 이해하면 나쁜 습관을 끊는 데 도움이 됩니다. 하버드대학교 저드슨 브루어Judson Brewer 교수에 의하면, 우리가 일상에서 어떤 스트레스를 받을 때마다 이에 상응하는 행동욕구가 일어난다고 합니다. 예를 들어 직장상사에게 욕을 먹으면 사표를 집어 던지거나 대들고 싶은 행동욕구가 일어납니다. 그러나 우리는 이런 행동욕구를 실행에 옮길 수는 없으며 참고 지내는 것이 일반적인 현실입니다. 이처럼 행동욕구를 반복적으로 억제하면 몸과 마음은 다른 것으로 보상을 요구합니다. 습관의 악순환 원리를 그림으로 표시하면 다음과 같습니다.

행동욕구를 억제하는 대신 사용하는 일반적인 보상수단은 술, 담배, 약물, 게임과 같은 것들입니다. 이렇게 보상을 제공하면 몸속에서 도파민이라는 호르몬이 분비되어 스트레스를 상쇄시킵니다. 이러한 과정이 몇 차례 반복되면 뇌는 이런 흐름을 정보처리 방법으로 저장합니다. 따라서 앞으로 비슷한 스트레스가 발생되면 판단 과정을 거치지 않고 '저장된 기억'이 자동으로 작동되어 습관이 만들어지게 됩니다.

스트레스→행동욕구→보상의 사이클로 악순환 되는 과정에서 나쁜 습관이 굳어지는 것입니다. 그리고 보상의 빈도가 늘수록 도파민 분비량도 줄기 때문에 이를 유지할 목적으로 보상의 강도를 점점 올리게 됩니다. 이런 과정을 거쳐서 습관이 남용으로 남용이 중독으로 악순환 되는 것입니다.

술·담배 끊는 비법

하버드대학교 행복연구팀에 따르면 55~80세의 건강에 가장 큰 영향을 미친 것은 혈관계질환이었으며 가장 중요한 변인은 술·담배로 나타났습니다. 55세 이후에 건강 장수를 위한 제1요건은 술·담배를 끊는 것입니다. 인생 후반전을 시작하면서 술·담배를 끊는 일에 용기 있게 도전해 보세요. 이에 대한 저자의 성공 비법을 다음과 같이 소개합니다.

습관을 의식하는 훈련이 필요합니다. 이는 습관이 육체적·일시적인 감각 때문에 생긴 것임을 알아차리고 이를 기꺼이 대면하려는 자발적인 의지입니다. '저장된 기억'이 자동으로 작동되지 않도록 호흡과 함께 이성적인 통제과정을 거치는 것입니다. 호흡의 의미와 방법에 대하여는 15장을 참고하세요. 우리가 나쁜 습관에 계속 끌려가는 이유는 '저장된 기억'이 자동으로 작동되기 때문입니다. 의식적·자각적인 호흡과 함께 몸과 마음에서 무슨 일이 일어나는지를 명확히 알아차리면 '저장된 기억'에 의한 자동 작동을 중단할 수 있습니다.

저자가 술·담배 끊기에 성공할 수 있었던 비결도 알아차림 훈련 Mindfulness Training에 있습니다. 추상적으로 들릴지 모르지만 우리가 어떤 습관에 대하여 명확한 알아차림을 하면 새로운 통찰이 일어납니다. 저드슨 브루어 교수도 이런 방식에 의한 금연 치료가 시중에서 가장 많이 사용되는 치료법보다도 2배 이상의 효과가 있었다는 사실을 입증했습니다. 이는 매우 흥미 있는 체험이므로 여러분들도 직접 실천해 보시기를 강추합니다.

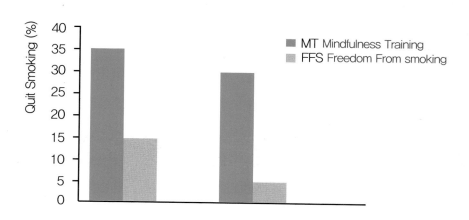

'새로운 습관' 만들기

저자는 알아차림 훈련과 동시에 보조연상법도 사용했습니다. 보조연상법은 좋은 습관으로 생긴 모습을 시각적으로 연상하는 행위입니다. 예를 들면 술·담배를 끊으니까 얼굴이 맑아지고 밝은 빛이 나오는 모습을 시각적으로 그려 볼 수 있습니다. 부정적인 생각을 긍정적인 생각으로 바꾸어 주는 것이 보조연상법의 원리입니다. 저자가 술을 끊기 위하여 사용했던 보조연상의 세부 내용은 다음과 같습니다.

저자는 '미사리'라는 보조연상법을 고안해서 '지금 내 몸 안에서 무슨 일이 일어나고 있는지'를 연상했습니다. '미사리'는 '미안해·사랑해·이해해'의 줄임말입니다. 몸 안의 장기臟器들이 '누가 더 3DDifficult Dangerous Dirty 업종인가?'를 주제로 웅변대회를 연다고 연상합니다.

먼저 간의 말이 들립니다. "이건 사람이 아니라 술독이다. 엄청난 양의 술을 매일 해독하느라 죽을 맛이다." 이번에는 위의 말이 들립니다. "나도 힘들다. 맵고 짠 엄청난 양의 음식물 때문에 쉴 겨를이 없다." 대장의 말도 들립니다. "소독하고 소화시켜 놓은 엄청난 양의 찌꺼기를 붙들고 있느라 무척 괴롭다." 장기들이 저마다 분노에 찬 주장을 한 후에 간, 위, 대장이 1위, 2위, 3위로 결정되는 시상식 장면도 떠올렸습니다.

단골 감자탕 집에 진열돼 있던 술병도 연상했습니다. 커다란 담금

주통에 인삼, 버섯, 솔방울 등을 넣고 술을 가득 부어 놓은 것들입니다. 저자의 뱃속도 그와 비슷한 모습으로 연상되었습니다. 인삼, 버섯, 솔방울 대신에 간, 위, 대장을 담가 놓고 그 위에 술을 넣고 매일 리필하는 모습입니다. 수십 년 묵은 간주, 위주, 대장주를 몸(담금주통)속에 넣고 질질 끌고 다니는 모습을 연상했습니다.

보조연상법을 통하여 음주에 대한 새로운 사실을 통찰했습니다. '내가 그동안 별다른 이유도 없이 술에 무의식적으로 집착했구나!' '어떤 고통스런 상황을 술로 회피하거나 억누르려 했었구나!' '일시적인 쾌락을 위하여 간, 위, 대장을 대책 없이 희생시키고 있었구나!' '간, 위, 대장이 얼마나 원망했을까?' 간, 위, 대장에게 고맙고 미안한 마음이 들어서 배를 부드럽게 스캔하며 간, 위, 대장에게 따뜻한 위로의 말을 건넸습니다.

'간, 위, 대장아!' '미안해! 사랑해! 이해해!' '미사리' '미사리'
'간, 위, 대장아!' '미안해! 사랑해! 이해해!' '미사리' '미사리'

술·담배를 끊기 위해서 은단, 껌, 전자담배, 사탕과 같은 대체물을 사용하는 것은 별로 도움이 되지 않습니다. 특별한 사건이 생길 때만 예외를 두는 것도 마찬가지입니다. 어떤 대체물을 사용하거나 예외를 두는 것은 언제든지 다시 시작할 수 있다는 신호입니다.

술·담배를 끊으려면 '대안 없이No Alternative 예외 없이No Exception'

해야 합니다. 술·담배를 끊는 비법은 생각보다 간단합니다. 객관적인 사실을 알아차리고 대안 없이 예외 없이 딱 멈추면 되는 것입니다. 술·담배를 끊으면 금단현상이 올 수 있습니다. 금단의 부작용은 자각적인 호흡과 알아차림을 통하여 극복할 수 있는 일시적인 현상일 뿐입니다.

저자가 그렇게도 좋아하던 술을 갑자기 딱 끊으니까 지인들이 "무슨 재미로 사느냐? 갑자기 바뀌면 안 좋아! 얼마나 오래 살겠다고? 몸에 무슨 좋지 않은 상황이 생긴 게 분명해."라는 식의 반응을 보였습니다. 오랜 술벗을 잃은 것에 대한 불편함, 어려운 목표를 성공한 것에 대한 질투심이 깔려 있는 것 같았습니다.

술을 끊으니까 예전에는 몰랐던 다른 차원의 즐거움을 느낄 수 있습니다. 직접 체험해 보아야만 그 즐거움을 이해할 수 있습니다. 저자는 지금 술·담배에 대한 욕구를 억누르고 있는 것이 아닙니다. 저자에게 있어서 술·담배는 이제 더 이상 욕구의 대상이 아닙니다.

18^장 언어 습관 리셋하기

꼰대식 언어 습관

서울대학교 연구팀이 50~60대 1,000명을 대상으로 조사한 바에 따르면, 그들이 가장 중요하게 여긴 인생 후반전의 키워드는 '나 자신으로 다시 태어나는 것Re-Born'이었다고 합니다. 요즘의 50~60대는 다양하고 새로운 도전을 즐기며 옷도 과거와 달리 젊게 입는 경향이 뚜렷합니다. 찢어진 청바지를 입고 피부를 팽팽히 당기는 것만으로 진정한 리본이 될 수 있을까요? 청바지 입은 꼰대라는 말을 들어 보신 적이 있습니까?

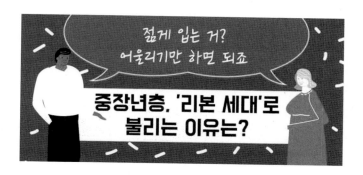

'새로운 습관' 만들기

진정한 리본이 되려면 말하는 것부터 꼰대에서 벗어나야 합니다. 나이 들면서 언어 습관이 나도 모르게 엉망진창으로 변해 버렸습니다. 젊은이들은 중장년층을 비하하여 꼰대라고 부를 때가 있습니다. 신중년기 인구가 청년기 인구를 초과하면서 "세상은 넓고 꼰대는 많다."라는 말까지 생겼습니다. 꼰대의 1대 특징은 강한 고정관념입니다. 고정관념은 타인의 개성이나 차이를 무시하고 자신의 경험을 타인에게 일반화하려는 관념입니다.

저자도 50대에 꼰대짓을 많이 했습니다. 직장의 임원으로 있을 때 젊은 직원들과 소통 모임을 가진 적이 많았습니다. 호프잔을 부딪치며 허심탄회하게 소통하는 듯 보였지만 돌이켜 보면 꼰대짓만 했던 것 같습니다. 젊은이들의 입장과 관점, 다양성과 개성을 존중하지 않고, 나의 과거 실적을 내세워 자랑질과 훈계만 늘어놓았습니다. 경청은 건성이었고 말은 많았는데 그것이 고정관념이라는 사실을 나중에서야 알았습니다. 돌이켜 보면 저자는 그야말로 뙤은 풋과일이자 완장 찬 꼰대에 불과했습니다.

청년들을 대상으로 "어른들에게 가장 듣기 싫은 말이 무엇인가?"라는 조사를 했습니다. 압도적인 1등은 "왕년에 내가~, 나 때는~, 우리 때는~"이었습니다. 왕년에 그랬는데 어쩌라는 건가요? 자랑질을 하거나 타인의 견해를 누르기 위해서 이런 말을 하는 경우가 많은데 버려야 할 언어 습관입니다. 나쁜 언어 습관을 만드는 고정관념은 이원성(二元性: 둘로 나누는 것)과 당위성(當爲性: Must, Should)의 틀로 짜인 경우가 많습니다.

새로운 언어 습관

　　　"입과 혀는 화와 근심의 문이고 몸을 죽이는 도끼와 같다." 빌 게이츠의 말입니다. 우리는 지금까지 수십 년을 살아오면서 언어 습관이 나도 모르게 엉망진창으로 망가져 버렸습니다. 남의 말은 건성으로 듣고 중간에 틈만 나면 끼어들고 어떤 부분이 맞고 틀리는지를 쉼 없이 재단하는 습관이 있습니다. 이런 식의 언어 습관을 바꾸지 못한다면 인생 후반전에서 어떤 새로운 일에 도전하더라도 망하기 쉽습니다. 꼰대 앞에서 일방적인 훈계를 듣고 싶은 고객은 없기 때문입니다. 따라서 저자는 언어 습관을 다음과 같은 방식으로 리셋해야 할 필요가 있다고 생각합니다.

① 절제된 침묵 _____

　인간은 언어적 동물로서 자기가 경험한 것의 제곱 이상을 언어로 인식해서 저장합니다. 따라서 나이 들수록 말이 많아집니다. 지식과 경험이 많으니까 끼어들거나 충고하고 싶은 욕구도 큽니다. "말은 고통을 부르는 나팔이다. 고통에서 벗어나려면 침묵 속에서 사유思惟하라."라는 격언이 있습니다. 논어에는 "붕우삭 사소의朋友數 斯疎矣"라는 말이 있는데 아무리 친한 사이라도 충고가 지나치면 사이가 멀어진다는 뜻입니다. 천재 물리학자 아인슈타인은 성공의 방정식을 다음과 같이 제시했습니다.

A가 인생의 성공이라면 A=X+Y+Z,
X=열심히 일하는 것, Y=제대로 노는 것, Z=쓸데없는 말을 하지 않는 것

　Z를 위하여 '절제된 침묵'을 연습해 보세요. 여러 명이 대화를 나누는 자리에서 최대한 길게 일부러 침묵하는 연습입니다. 남들이 세 번 이상 말할 때까지 한마디도 안 하고 무조건 참아 보세요. 그러다가 맨 마지막에 짧게 한마디만 말하면 모든 사람이 집중해 주고 실수도 줄일 수 있습니다. 다른 사람의 말에 사사건건 반론하고 지적질하면 그 순간에는 청량감을 느끼지만 나중에는 거의 100% 후회하게 됩니다.

② 진지한 경청 _____

세계적인 정신과 의사 빅터 프랭클(V. Frankl)은 자살을 결심한 청년으로부터 어느 날 밤 전화를 받습니다. 이 청년은 다음 날 아침에 "세상은 살 만한 가치가 있다."라고 말하면서 자살을 포기했습니다. 그 이유는 빅터 프랭클이 깊은 밤중에 세 시간이나 자신의 말을 진지하게 경청해 주었기 때문이라고 합니다. 누군가의 진지한 경청만으로도 놀라운 심리치료 효과가 발생한다는 것은 과학적인 사실입니다. 우리가 상대방에 대한 관심을 행동으로 보여 줄 수 있는 가장 명쾌한 방법은 진지한 경청입니다.

우리는 남의 말을 제대로 경청하지 않는 습관이 있습니다. 남이 말하는 동안에 딴 생각을 하거나 자기가 할 말을 미리 정리하고 있기 때문입니다. 다른 사람이 나와 다른 견해를 말하면 중간에 수시로 끼어들기도 합니다. 귀를 쫑긋 세우고 상대방의 말을 놓치지 않으면서 단어 하나하나에만 얽매이면 생각과 생각의 부딪힘만 생깁니다. 이렇게 하면 비교·분석·판단 과정을 거쳐서 자신의 에고ego나 고정관념을 내세우게 됩니다. 따라서 남의 말을 해석하는 일에 집중하지 말고 듣는 일에만 '온 마음'을 집중해야 합니다.

진지한 경청이란 상대방의 현존現存을 존중하면서 '온 마음'으로 듣는 자세를 말합니다. 상대방의 현존을 존중한다는 것은 나이, 지위, 또는 어떤 우월적 조건을 이유로도 상대방을 차별하지 않는 것입니다. 특히 젊은 서비스직 노동자들에게 함부로 반말하고 갑질하는 꼰대들이 많습니다. 그들의 서비스에 감사를 표하고 반말을 쓰지 않으면 나 자신도 즐거워집니다. 가족관계 등의 개인정보를 함부로 스캔하는 습관, 만만하게 보이는 사람에게 무조건 반말하는 언어 습관을 바꾸어야 합니다.

③ 공감하는 지혜 _____

부엉이와 수탉이 대화를 나눕니다. 부엉이가 먼저 말했습니다. "하늘에 밝고 둥근 것이 떠오르면 세상이 점점 어두워지고 추워진다." 수탉은 부엉이와 반대로 말합니다. "하늘에 밝고 둥근 것이 떠오르면 세상이 점점 밝아지고 따뜻해진다." 누구 말이 옳은 것일까요? 부엉이는 달을 수탉은 해를 본 경험에 대하여 각자의 관점을 말한 것 뿐입니다. 이처럼 각자의 입장과 관점에 따라서 견해는 얼마든지 달라질 수 있습니다.

'이해한다understand'는 말은 '상대방이 서 있는 자리stand 아래에서 under, 즉 상대방의 입장과 관점에서 바라본다는 뜻입니다. 남편은 아내의 입장에서, 아내는 남편의 입장에서, 상사는 부하의 입장에서, 부하는 상사의 입장에서 바라보는 것이 이해입니다. 서로 다른 의견을 이해하는 것이 공감입니다. 공감은 찬성이 아닙니다. 찬성하지 않아도 공감할 수 있습니다. 공감은 좋아함이 아닙니다. 좋아하지 않아도 공감할 수 있습니다. 생각은 각자의 입장에 따라 만들어지는 것이므로 서로 다른 것이 당연합니다. 서로 다른 생각을 이해하고 존중하는 것이 '공감하는 지혜'입니다. 꼰대가 되지 않으려면 타인들의 말을 공감하는 지혜가 필요합니다.

19^장 작은 목표 성공하기

작은 목표

　　"습관이 바뀌면 행동이 바뀌고 행동이 바뀌면 인생이 바뀐다. 습관을 바꾸는 것만으로도 자신의 인생을 바꿀 수 있다." 윌리엄 제임스(William James, 1842~1910, 철학·종교학·심리학에 뛰어난 연구를 많이 남김)의 말입니다. 습관은 오랫동안 다져진 에너지이므로 바꾸는 것이 어렵습니다. 마치 오랫동안 둥그렇게 말아 놓았던 종이뭉치를 바르게 펴기 어려운 것과 같습니다. 종이에도 습관에너지가 배어 있는데 하물며 사람은 어떻겠습니까?

　작은 목표에 꾸준히 몰입하면 오래된 습관을 바꿀 수 있습니다. 예를 들면, 저자는 스티브 키즈의 책『습관의 재발견』에서 힌트를 얻어 하루에 딱 한 번 팔굽혀펴기를 하는 작은 목표를 세웠습니다. 이 정도도 못 하면 안 된다는 오기가 들었고 목표량이 작으니까 비교적 잘 실천할 수 있었습니다. 팔굽혀펴기를 실제로 하루에 딱 한 번만한 적도 있었지만 기왕 하는 김에 다섯 번 정도는 했습니다.

비록 작은 목표지만 꾸준히 실천하니까 근육이 단단해지는 느낌이 들었습니다. 지하철을 기다리는 동안 의자에서 뒤로 팔굽혀펴기를 하는 습관도 생겼고 나중에는 헬스장에서 체계적으로 근력운동을 하는 계기가 되었습니다. 이처럼 어떤 작은 목표에 대한 꾸준한 실천을 통해서 새로운 습관을 만들 수 있습니다. 헬스장에서도 욕심내지 않고 작은 목표를 정해서 꾸준히 실천하니까 재미있고 효율적인 것 같습니다.

단 한 번의 팔굽혀펴기라도 분명한 목표로 설정해야 지속적인 실천이 가능합니다. 분명한 목표가 없으면 오래 버티지 못하고 싫증을 내기 마련입니다. 일상 속에서 실천 가능한 작은 목표들을 세워서 결과에 연연하지 않고 몰입해 보세요. 결과에 대한 욕심이 앞서면 마음이 조급해집니다. 욕심이 앞서고 있다는 사실을 수시로 알아차리는 것이 필요합니다. 작은 목표들에 대한 꾸준한 실행력이 뒷받침된다면 오래된 습관도 바꿀 수 있습니다.

"조그마한 변화들이 일어날 때 진정한 삶이 이루어진다."
— 톨스토이

"익숙한 대로 사는 삶. 그런 삶의 습관은 관습을 낳고 관습이 굳어져 그저 맹목적으로 살아갈 뿐이다. 겸손한 마음으로 전력투구하는 자세를 잃지 마라. 오직 진지한 실천을 반복하라. 위대함의 이면에는 사소

함이 숨어 있다. 사소한 일을 쉬지 않고 반복하는 노력만이 위대한 성
취의 비결이다."

– 유영만

저자의 사례

저자는 여러 가지 작은 목표들을 세워서 꾸준히 실천하고
있는데 건강과 관련된 것 중에서 몇 가지 사례를 소개하면 다음과
같습니다.

① 맑고 부드러운 얼굴 _____

"40세 이후에는 자기 얼굴에 책임을 져야 한다." 링컨 대통령의 말
입니다. 같은 나이임에도 얼굴 모습이 훨씬 더 맑고 부드러운 친구
를 보면 부럽지 않습니까? 맑고 부드러운 얼굴은 몸과 마음의 건강
에 좋은 영향을 미칩니다. 한 번 활짝 웃으면 30분간 조깅을 한 것과
같은 효과가 있다고 합니다. 피겨 영웅 김연아 선수는 얼굴 표정을
바꾼 이후로 11번이나 기록을 경신했다는 일화도 있습니다.

맑고 부드러운 얼굴을 위한 저자의 작은 목표는 '노안근육 힘 빼기'
입니다. 얼굴은 세 부분(상안면부, 중안면부, 하안면부)으로 나뉘는데 하
안면부(입 주변)의 근육을 노안근육이라고 합니다. 입을 꽉 다물면 노
안근육에 힘이 들어가서 얼굴 근육이 아래로 쳐지고 빨리 늙는다고
합니다. 입모양이 U자형이 아닌 ∩자형이면서 입가에 주름이 많은
사람들은 입을 평소에 꽉 다물고 있는 습관이 있습니다. 저자는 입

을 편하게 약간 열어 놓는다는 생각으로 이완시키는 연습을 합니다. 그리고 광대뼈가 있는 중안면부의 근육(동안근육)에 약간의 힘을 실어 주면 입모양이 U자형으로 저절로 바뀝니다.

또 다른 작은 목표는 '눈빛 바꾸기'입니다. 웃는 얼굴을 만들기 위한 가장 빠른 방법은 눈빛을 부드럽게 바꾸는 것입니다. 눈 주위의 근육에 힘을 빼고 눈이 웃는다는 생각을 가져 보세요. 상대방과 눈으로 말한다Eye-talking고 생각하면서 눈빛을 최대한 부드럽게 바꾸어 보세요. 입에 힘을 빼고 광대뼈에 약간의 힘을 주고 눈빛을 부드럽게 바꾸는 연습을 하면 맑고 부드러운 얼굴을 만들 수 있습니다. 저자는 지하철에서 차창에 비춰진 얼굴을 바라보면서 이런 연습을 합니다.

② 노안(老眼) 예방

"몸이 천 냥이면 눈이 구백 냥이다."라는 속담이 있습니다. 나이 들수록 눈의 기능이 가장 빨리 퇴화되는 것 같습니다. 저자는 노안 예방을 위하여 눈 운동을 수시로 합니다. 우리는 유산소 운동이나 근육 운동에 대해서는 익숙한데 눈 운동에 대해서는 단어조차 생소합니다. 요즘에는 TV와 스마트폰의 과잉 사용으로 눈을 한 지점에 오랫동안 고정시켜 놓는 시간이 많으므로 수시로 눈 운동을 해 주어야 합니다. 저자가 노안 예방을 위하여 실천하고 있는 눈 운동법은 다음과 같습니다.

첫째는 회전운동입니다. 얼굴을 움직임 없이 고정한 채 눈만 상하 좌우로 회전하는 운동입니다. 시선을 상하좌우로 번갈아 이동하면서 한 곳에 약 5초 동안 고정하는 것을 여러 차례 반복합니다. TV와 스마트폰 사용으로 눈물막이 건조해지면 이물감, 충혈, 염증, 두통이 발생하며 심할 경우는 각막 손상도 일으키므로 눈을 가급적 수시로 깜빡여 주어야 합니다. 회전운동이 끝나면 눈 주변의 혈자리(관자놀이 등)도 반복적으로 눌러 줍니다.

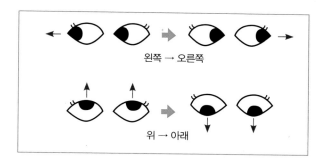

둘째는 원근운동 및 명암운동입니다. 원근운동은 눈앞에 있는 물체 또는 글자를 집중적으로 바라본 다음에 5m 정도 떨어져 있는 물체 또는 글자를 집중적으로 바라보는 행위를 반복하는 것입니다. 원근 운동은 눈 근육의 움직임을 유발하고 긴장을 풀어 주는 효과가 있습니다.

명암운동은 손바닥으로 눈을 가려서 햇빛이 들지 않도록 만들었다가 손바닥을 갑자기 치워서 빛에 오픈하는 것입니다. 명암운동은 밝고 어두운 환경을 교대로 보면서 홍채근을 자극해 빛에 대한 적응력을 키우는 훈련입니다. 또한 안압이 높아지면 녹내장 발생 가능성이 커지므로 가급적 옆으로 눕지 않으려고 노력합니다.

③ 생활 속 신체활동

운동의 필요성은 알지만 이를 규칙적으로 실천하는 사람은 많지 않습니다. 저자는 생활 속 신체활동으로 운동을 대신하는 작은 목표를 세웠습니다. 생활 속 신체활동을 꾸준히 하면 테니스나 배드민턴을 하는 것과 마찬가지로 좋은 효과가 있습니다. 대표적인 생활 속 신체활동이 걷기입니다. 걸음걸이의 숫자에 따라서 포인트를 쌓아주는 앱App을 이용하면 건강도 챙기고 재미도 느낄 수 있습니다.

만보 걷기가 유행이지만 아무렇게나 걸으면 운동 효과가 거의 없다고 합니다. 상체를 움츠리거나 八자 모양의 양반 자세로 걷는 것은 몸과 마음을 축 처지게 만들고 보기에도 좋지 않습니다. 저자는 서울대병원 정선근 교수님이 제안한 걷기 운동법을 참고하여 다음과 같은 자세로 걷습니다. 또한 지하철을 이용할 때 계단을 걸어서 오르내리는 방식으로 생활 속 신체활동을 병행하고 있습니다.

- 어깨와 가슴을 활짝 펴고 걷는다.
- 발끝이 정면을 향하여 11자 모양이 되도록 한다.
- 양발의 뒤꿈치가 땅에 먼저 닿으며 걷는다.
- 약간 빠른 속도로 걷는다.

퇴직하면 생활 속 신체활동이 줄고 식사 후 곧바로 누워서 TV를 보는 시간이 많아집니다. 저자는 이런 퇴행적인 습관 때문에 역류성 식도염을 체험한 적이 있습니다. 식사 후 2시간 내에 취침하면 심근경색 발생 가능성이 훨씬 높아진다고 합니다. 음식을 소화하는 동안 심박동수, 혈압, 심박출량이 증가해서 심장에 부담을 주기 때문입니다. 식사 후 곧바로 누우면 심장근육에 혈액이 제대로 공급되지 못해서 문제가 생길 수 있다고 합니다. 신중년기의 돌연사를 남의 문제로만 볼 일이 아닙니다.

④ 혈압 관리 ─────────────────────

저자는 혈압 관리를 위한 작은 목표를 실천하고 있습니다. 하루에 두 번씩 가정혈압을 측정·기록하고 혈압약을 반드시 챙기는 일입니다. 60대 초반의 건강했던 지인이 가족과 함께 저녁식사를 마치고 갑자기 쓰러져 불과 며칠 뒤에 사망한 황당한 사건이 있었습니다. 평소에 별로 신경 쓰지 않았던 고혈압 때문이었다고 합니다.

우리나라 신중년의 절반 이상이 고혈압 위험 수준이라고 합니다. 수축기 혈압은 나이 듦에 따라서 지속적으로 점점 증가(50대 평균 130mmHg → 70대 평균 160mmHg)하는 경향이 있다고 합니다. 그럼에도 불구하고, 우리는 혈압에 대하여 손 놓고 있다가 갑자기 큰일을 당하기 일쑤입니다.

미국 심뇌혈관계질환 학회ACC 및 협회AHA는 2017년에 고혈압 기준을 대폭 강화했습니다. 우리나라 질병관리본부 및 혈압학회는 가정혈압을 정기적으로 측정해서 검진 시에 의사와 상의하도록 권고하고 있습니다. 혈압약은 한 번 먹으면 평생 먹어야 된다고 말하는 사람이 있는데 그렇다면 안경은 왜 매일 쓰고 다닙니까? 콩알 크기의 약을 하루에 한 개 삼키는 것뿐인데 무엇이 그리도 귀찮은 일이겠습니까?

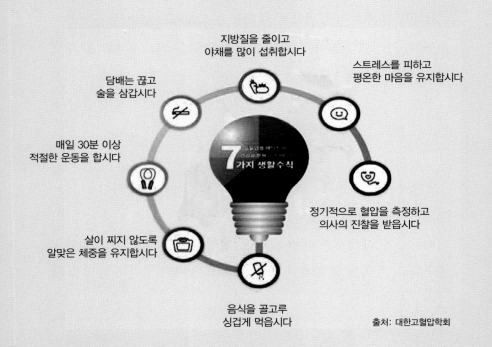

[고혈압 수칙]

지방질을 줄이고
야채를 많이 섭취합시다

담배는 끊고
술을 삼갑시다

스트레스를 피하고
평온한 마음을 유지합시다

매일 30분 이상
적절한 운동을 합시다

7 가지 생활수칙

정기적으로 혈압을 측정하고
의사의 진찰을 받읍시다

살이 찌지 않도록
알맞은 체중을 유지합시다

음식을 골고루
싱겁게 먹읍시다

출처: 대한고혈압학회

20^장 범사에 감사하기

빛나는 일상

　　　　평생직장을 떠나 새로운 일터에 뿌리를 내리지 못한 남
성의 처지는 여성보다 궁색합니다. 남성은 직장을 잃으면 평소에 대
화를 나눌 대상조차 없는 경우가 많습니다. 실제로 공공장소에서 보
면 외딴 섬이 되어 나 홀로 지내는 남성들을 많이 볼 수 있습니다. 따
라서 아내는 정서적인 동지로서 퇴직한 남편의 처지를 이해하고 돕
지만 날이 갈수록 불만도 커집니다. 그래서 그런지 선배들은 퇴직을
앞둔 후배들에게 다음과 같이 조언합니다.

"퇴직하면 집에 있지 말고 산이든 공원이든 카페든 집 밖으로 나
가야 한다. 만약 경제적 여건이 허락된다면 작은 공간이라도 임차해
서 쉼터로 쓰는 것이 좋다." 저자도 선배들로부터 이런 조언을 많이
들었습니다. 저자는 이런 접근방식이 비용만 들고 스스로를 감옥에
가두는 일에 불과하다고 생각합니다. 지인 중에 이렇게 사는 사람이

있는데 언제까지 일상을 회피하고 밖으로 겉도는 삶을 살 수 있을지 답답한 느낌이 듭니다.

저자는 이런 식의 조언에 동의하지 않습니다. 오히려 "빛나는 일상으로 돌아가야 한다."라고 생각합니다. 우리의 살림살이는 직장노동과 가사노동으로 이루어집니다. 직장노동과 가사노동은 서로 보완적인 관계로서 퇴직 후 유연하게 조정될 수 있습니다. 가사노동이 여성의 고유영역도 아니고 남성이 가사노동을 한다고 해서 자존감이 깎일 문제도 아닙니다. 퇴직하여 직장노동이 없거나 비중이 크게 줄어들면 가사노동의 비중을 높일 수 있는 것이고 마땅히 그렇게 해야 할 문제라고 생각합니다.

저자는 퇴직 후 집에 있는 시간이 많아졌는데 가사노동을 자진해서 열심히 하고 있습니다. 아내를 보조하거나 역할분담 차원이 아니라 자발적으로 합니다. 설거지, 빨래 널기, 방 청소 등을 마음수행의 주제로 정해서 꾸준히 실천하고 있습니다. 집 안의 사소한 일들을 감사하는 마음으로 천천히 하니까 신기하게도 귀찮다는 생각이 들지 않습니다. 오히려 범사에 감사한다는 말의 뜻을 체험적으로 이해할 수 있게 되었습니다. 평범한 일상을 색다른 눈으로 대하니까 예전에는 미처 몰랐던 충만한 행복감을 맛볼 수 있습니다.

유명한 심리학자 매슬로우A.H.Maslow도 "자아실현자는 일상에서 행복을 체험하고 범부는 늘 새로운 것을 추구한다."라고 말했습니다. 인생 후반전에서 사소한 일상을 대하는 방식부터 최우선으로 바꾸어 보세요. 직장에 다닐 때 회사의 일을 정성껏 다루었던 것과 다를 바 없습니다. 밖에서의 일이 안에서의 일로 바뀌었을 뿐입니다. 귀찮고 자질구레한 일들을 회피하거나 짜증 내지 말고 정성을 다하여 천천히 해 보세요. 일상에서 탈출하려고만 하지 말고 지금 여기의 일상에 온전히 머무르는 수행을 꾸준히 해 보세요.

감사의 수행

죽을 뻔했다가 방금 살아난 사람에게 세상은 어떻게 보일까요? 산천은 더없이 아름답고 공기는 부드럽고 달콤하게 느껴질 것입니다. 이 땅을 밟고 다시 존재할 수 있게 되었다는 사실만으로도 기적이자 감사라고 생각할 것입니다. 방금 전에 말기 암 통보를 받은 사람도 평범했던 지난날의 일상이 엄청난 축복이었음을 알게 될 것입니다.

심각한 유방암으로 죽음 직전의 상태에 이르렀다가 기적같이 살아난 아니타 무르자니Anita Moorjani는 '집착과 두려움'이 질병의 근본 원인이었음을 고백했습니다. "질병의 고통을 뛰어넘을 수 있는 길은 일상에 감사하는 것이다. 매일 매일이 신선한 모험이다. 그저 이 일상의 삶을 흠뻑 받아들이고 싶다."라고 증언했습니다.

긍정심리학의 창시자인 크리스토퍼 피터슨Christopher Peterson은 「행복에 영향을 미치는 요인들(2006년)」이라는 연구에서 행복과 가장 상관성이 높은 요인으로 감사의 경험을 들었습니다. "감사의 경험이 교육수준, 수입액, 지위, 결혼, 친구, 건강보다도 더 높은 단계의 행복 요인이다."라고 결론 내린 바 있습니다.

호스피스 운동의 선구자인 엘리자베스 퀴블러 로스Elizabeth Kubler Ross는 "우리가 불행한 이유는 삶의 복잡성 때문이 아니라 그 밑바닥을 흐르는 단순한 진리들을 놓치고 살아가기 때문이다."라고 말하면서 그 대표적인 사례로 감사의 경험을 들었습니다. "진정한 힘과 행복은 감사하는 마음에 있다. 자신이 현재 가진 것에 감사하는 일, 자신의 있는 그대로의 모습에 감사하는 일, 자신의 독특함에 감사하는 일에 있다."라고 말했습니다.

캘리포니아 대학의 로저 월시Roser Walsh 교수는 25년간 세계의 주요 종교들을 탐험 수행한 후 『7가지 행복 명상법』이라는 책을 내놓았습니다. 그는 이 책에서 "감사는 부정적인 감정을 해소하고 분노와 질투심을 녹이며 두려움과 방어를 줄인다."라고 설명했습니다.

티베트 출신의 영적 지도자 페마 초드론Pema Chödrön은 "범사에 감사하는 것은 감상적이거나 진부한 일이 아니라 실은 용기가 필요한 일이다."라고 말했으며, 아빌라의 테레사Theresia Magna 수녀도 "삶을 하나의 수행으로 받아들이면 평범한 생활도 심오한 빛을 발한다."라고 말했습니다.

사소하고 진부한 일상을 수행하는 자세로 정성껏 대할 때 감사의 의미를 비로소 이해할 수 있게 됩니다. 우리의 일상은 대부분 사소하고 귀찮고 반복적인 허드렛일의 연속입니다. 따라서 우리는 일상에 감사하기는커녕 틈만 나면 일상에서 탈출하려고 발버둥 치기 일쑤입니다. 저자는 일상 속에서 다음과 같은 것들을 감사의 수행 주제로 선정하여 꾸준히 실천하고 있는데 효과가 좋습니다.

① 빨래 널기

세탁기를 돌리는 것은 아내가 하지만 세탁이 끝난 뒤에 건조대에 빨래를 너는 것은 저자의 수행 주제입니다. 빨래를 하나하나 턴 다음에 옷걸이에 정성껏 펼칩니다. 반드시 천천히 해야만 하고 진정으로 감사하는 마음을 내어 정성껏 해야만 합니다. 빨래를 하나하나 옷걸이에 펼칠 때마다 어깨 부분을 토닥이면서 마음속으로 대화를 나눕니다.

'옷아! 고맙다. 깨끗하고 따뜻하게 해 줘서 정말로 고맙다.'

② 설거지

밥상을 차리는 것은 아내가 주로 하지만 설거지는 저자의 수행 주제입니다. 먼저 세제를 사용해야 하는 그릇들과 세제를 사용하지 않아도 되는 그릇들을 분류하고 설거지를 시작합니다. 반드시 천천히 해야만 하고 진정으로 감사하는 마음을 내어 정성껏 해야만 합니다. 그릇들을 닦으면서도 마음속으로 대화를 나눕니다.

'새로운 습관' 만들기

'그릇아! 고맙다. 먹을 수 있게 해 줘서 정말로 고맙다.'

③ 안방 청소

다른 공간에 대한 청소는 아내가 주로 하지만 안방에 대한 청소는 저자의 수행 주제입니다. 물건들을 전체적으로 정리정돈한 후에 방바닥을 젖은 걸레로 닦습니다. 무릎을 꿇은 자세로 반드시 천천히 해야만 하고 진정으로 감사하는 마음을 내어 정성껏 해야만 합니다. 방바닥을 닦으면서도 마음속으로 대화를 나눕니다.

'방아! 고맙다. 편하고 안전하게 쉴 수 있게 해 줘서 정말로 고맙다.'

④ 자동차 관리

자동차 운전을 시작할 때부터 끝마치는 순간까지 모든 행동이 저자의 수행 주제입니다. 문을 열고 닫는 일, 내부를 정리정돈하는 일, 주행 중 끼어드는 차량에 화를 내지 않고 자애를 보내는 일 등입니다. 자동차 문은 최대한 천천히 부드럽게 열고 닫습니다. 자동차의 내외부도 방 청소를 할 때와 마찬가지로 천천히 정성을 다하여 청소합니다. 운전을 시작할 때와 마칠 때 자동차를 토닥이면서 마음속으로 대화를 나눕니다.

'차야! 고맙다. 안전하고 편리하게 해 줘서 정말로 고맙다.'

⑤ 생활용품 관리

저자는 작은 생활용품(출입문, 수도꼭지, 가스밸브, 스위치, 책, 볼펜, 안경, 리모컨, 음식, 일용잡품 등)을 함부로 다루는 습관이 있었습니다. 식사할 때 젓가락으로 반찬(마늘쫑, 총각무, 멸치조림 등)을 들었다 놓았다를 반복하거나 휘젓는 습관도 있었습니다. 이처럼 몸에 배인 생활습관을 바꾸는 수행도 해 보았습니다. 생활용품들을 사용함에 있어서 최대한 천천히 부드럽게 다루는 것을 의식적으로 실천했습니다. 이처럼 작은 생활용품들의 사용 습관을 바꾸는 것만으로도 색다른 즐거움을 느낄 수 있습니다.

사소하고 진부한 모든 일상에 대하여 감사함을 느끼며 정성을 다 기울이는 마음수행을 해 보세요. 긍정적이고 자발적인 마음으로 천천히 해야만 색다른 즐거움을 맛볼 수 있습니다. 배우자가 시키니까 또는 역할분담에 따른 의무감으로 억지로 하면 부정적인 감정만 쌓이게 됩니다. 겨우 며칠간 시도해 보다가 흐지부지하지 말고 인생 후반전의 새로운 생활습관으로 완전히 굳어질 때까지 꾸준하게 실천해 보세요.

21^장 다른 차원의 재미로 살기

저자는 술·담배를 끊은 후에 도대체 무슨 재미로 사느냐는 질문을 많이 받았습니다. 저자도 과거에 그렇게 생각한 적이 있었지만 지금은 술·담배 없는 생활이 훨씬 재미있고 즐겁습니다. 재미란 무엇일까요? 우리는 일반적으로 먹고 보고 듣고 접촉하는 것으로부터 생기는 감각적인 쾌락을 재미라고 부릅니다. 그런데 나이 들수록 신체적·경제적·사회적인 조건들이 침체되기 때문에 감각적 쾌락으로서의 재미도 시들시들해지기 마련입니다.

따라서 다른 차원의 재미에 익숙해질 필요가 있습니다. 재미없이 사는 것에 재미 붙여 보세요. 앞에서 말한 재미는 감각적 쾌락을 추구하는 것이고 뒤에서 말한 재미는 그와는 질감이 다른 차원의 것입니다. 방해받지 않는 고요함 속에서 책을 읽고 글을 쓰고 명상하는 것과 같은 정신적 웰빙도 뒤에서 말한 재미의 일종입니다. 저자가 체험하고 있는 다른 차원의 재미를 몇 가지 소개합니다.

배움

조장희(1936~) 박사는 우리나라에서 노벨과학상에 가장 근접해 있는 뇌과학자라고 합니다. 그는 의료용 진단기기인 CT(컴퓨터단층촬영), MRI(자가공명단층촬영), PET(양전자방출단층촬영)를 모두 개발한 세계 유일의 과학자입니다. 그는 43세에 미국의 명문 컬럼비아대학교의 정교수가 되었고 61세에 세계 석학들의 모임인 미국 학술원의 정회원이 되었습니다. 82세(2018년)에도 논문을 내고 있으며 미국에서 교수로 있었던 7년 동안에 무려 100여 편의 논문을 국제학술지에 실었다고 합니다.

그는 "80세에는 뇌세포의 약 5~6%가 죽는다. 그러나 뇌의 기능은 세포 수로 컨트롤되지 않으며 그보다는 세포의 연결이 중요하다. 정년퇴직 후에 일과 공부를 안하면 뇌세포의 연결이 줄어들어 뇌가 빨리 쇠퇴한다. 건강한 뇌를 가진 80대는 건강하지 못한 40대보다 훨씬 더 효율적이다. 따라서 정년이라는 사회적 낙인찍기에 매몰되지 말고 공부를 계속하면서 정직하게 사는 것이 좋다. 거짓말하는 뇌는 포도당 소모가 많아져서 시뻘겋게 달아오른다."라고 말했습니다. 뇌과학적으로도 젊음의 비결은 꾸준한 배움에 있다는 것입니다.

학생으로 다시 돌아가 공부하는 재미에 빠져 보세요. 인생 후반전에 학생으로 돌아가 두 번째 인생을 시작할 수 있다는 것이 얼마나 가슴 설레는 일입니까? 우리는 학교에서 배운 것을 밑천으로 약 30~40년간 직장을 다녔습니다. 이미 써먹을 만큼 써먹은 것이니까 앞으로 새로운 인생을 위한 새로운 공부가 필요합니다. 비싼 등록금을 내면서 대학(원)을 다니지 않아도 됩니다. 정부(고용노동부, 지자체)나 사회단체(공공도서관, 50+재단, 서울자유시민대학 등)에서 운용하는 비용 효율적인 프로그램들이 엄청나게 많습니다. 저자도 이런 프로그램에 적극적으로 참여하니까 심심할 틈이 없고 보람도 느낍니다. 구체적인 프로그램에 대하여는 Part V 에서 개략적으로 소개합니다.

"학생으로 남아 있으라. 배움을 포기하는 순간 우리는 늙기 시작한다. 쌩쌩해 보이는 젊은이도 배우고 성장하지 못하면 마음은 이미 쭈글쭈글한 노인에 불과하다. 마음이 늙으면 몸도 반드시 늙는다."

– 셰익스피어

"가장 유능한 사람은 배우는 것에 가장 힘쓰는 사람이다. 배움의 즐거움은 곧 삶의 에너지로 작용한다. 그래서 배우는 사람은 늘 젊게 살 수 있다. 무언가를 배우고 있을 때 눈빛이 얼마나 빛나는지 아는가?"

– 괴테

소확행

　　소확행小確幸은 작지만 확실한 행복입니다. 소확행은 일본 소설가 무라카미 하루키村上春樹의 에세이 「랑겔한스섬의 오후ランゲルハンス島の午後」에서 비롯된 말로 "갓 구운 빵을 손으로 찢어 먹을 때, 서랍 안에 반듯하게 정리되어 있는 속옷을 볼 때 느끼는 행복"과도 같이 바쁜 일상 속의 작은 즐거움을 의미합니다. 이와 비슷한 용어로 스웨덴의 라곰lagom, 프랑스의 오캄au calme, 덴마크의 휘게hygge 등이 있습니다.

　　인생 후반전에는 생활패턴을 전체적으로 리모델링해야 합니다. 고정소득은 없고 은행잔고는 줄어드는데 해외여행이나 골프 등 과소비를 계속하는 지인이 있습니다. 그러면서도 그는 늘 돈 걱정을 입에 달고 삽니다. 돈이 걱정되면 소비를 줄이고 취미생활도 조절하는 것이 당연합니다. 저자는 퇴직 후 대중교통을 이용하고 골프도 끊었으며 설거지나 빨래 널기 등의 살림살이도 열심히 합니다. 생활패턴이 바뀌었다고 해서 자존감이 깎이거나 창피한 느낌이 들지는 않으며 오히려 작지만 확실한 행복을 느낍니다.

　　인생 후반전에서도 원하는 수준의 고소득이 발생하면 좋겠지만 그런 사람이 실제로 몇 명이나 되겠습니까? 그렇게까지 욕심을 내며 스트레스를 받을 필요도 없습니다. 우리가 앞으로 100세 셀프부양 시대를 감당해 내려면 검소하고 효율적인 생활패턴은 필수입니다. 검소하고 효율적인 생활패턴이 무조건 싸구려만 지향하는 것은 아

닙니다. 소비량을 가급적 줄이고 가성비가 좋은 것들을 골라서 최대
한 오래 쓰는 생활의 지혜입니다.

또한, 사회적 기업을 통해서 물품을 구매하고 아끼고 나누고 바꾸
고 다시 쓰는 것입니다. 생활비가 적게 드는 곳으로 이사를 가고, 에
너지 효율을 높이고, 친환경적인 방식으로 살고, 휴대폰이나 케이블
요금을 줄이고, 대중교통을 최대한 이용하고, 주택(농지)연금을 활용
하거나 실물자산의 비중을 줄여 생활비 재원을 최대한 확보하면서
작지만 확실한 행복을 추구해 나가는 삶의 지혜가 필요합니다.

케렌시아와 루틴

인생 후반전에서 나만의 케렌시아Querencia를 마련
해 보세요. 케렌시아는 스페인어로 안식처인데 몸과 마음을 편안하
게 충전할 수 있는 공간을 말합니다. 저자의 경험에 의하면 퇴직한
남성들에게 나만의 케렌시아가 꼭 필요할 것 같습니다. 그들은 퇴직
으로 무너진 사회관계망을 제대로 회복하지 못하고 무작정 홀로 지
내는 시간이 많기 때문입니다.

가정이나 동네에서 내가 좋아하는 특정 공간, 공공도서관, 학교나
평생교육원, 50+센터 등을 나만의 케렌시아로 정할 수 있습니다. 나
만의 케렌시아는 자신의 대표적 강점을 매일매일 조금씩 연마하는
창조적 공간으로 활용될 수 있습니다. 저자는 공공도서관 중에 한

곳을 나만의 케렌시아로 정해 놓고 거기서 책도 읽고 글도 쓰면서 인생 후반전의 남아도는 시간을 창조적으로 즐기고 있습니다.

일상생활 속에서 어떤 새로운 루틴Routine을 만드는 것도 재미있습니다. 루틴Routine이란 몸에 배인 규칙적인 습관을 의미합니다. 예를 들어 정해진 시간에 식사하고 운동하고 책을 읽는 행위도 하루의 루틴이고 어떤 일을 하면서 고정적으로 보이는 작은 행동들도 일종의 루틴입니다. 퇴직 후 마땅한 일거리 없이 빈둥빈둥 지내다 보면 하루의 루틴이 깨져서 시간이 따분하게만 느껴집니다.

나만의 케렌시아에서 인생 후반전의 새로운 목표와 관련이 있는 루틴에 충실하는 습관을 기르면 재미와 보람을 느낄 수 있습니다. 저자는 8이라는 숫자에 맞추어서 다음과 같은 나만의 루틴을 만들고 이를 꾸준히 실천하고 있습니다.

[하루의 루틴]

2×2×2를 88세까지 실천하기

- 짧은 생활명상 2회
- 작은 이타행(利他行) 2가지
- 책읽기와 글쓰기 각 2시간

22장 자신과 우정 쌓기

가장 소중한 '나'

서울대학교 행복 연구팀이 50~60대 1,070명을 대상으로 조사한 바에 따르면, 삶에서 가장 소중하게 생각하는 대상은 다름 아닌 자기 자신인 것으로 나타났습니다. 그런데 우리는 나 자신을 소중하다고 말하면서도 실제로는 소중하게 대할 줄 모릅니다. 남들이 고통을 겪을 때 우리는 그들에게 친절한 위로의 말을 건넬 줄 압니다. 그런데 정작 내가 고통을 겪고 있으면 나 자신을 위로할 줄은 모릅니다.

나는 남이 아닌 나로부터 고통을 가장 먼저 위로받고 싶어 합니다. 남들에게서 받는 위로보다도 나에게서 받는 위로가 훨씬 더 강력한 힘이 됩니다. 고통받는 나를 친절하게 대하는 자세가 필요합니다. "Treat yourself well! Cherish others! 자신에게 친절하게 대하라! 남들도 소중하게 대하라!" 스티브 잡스가 마지막 편지에서 남긴 말입니다.

우리는 자신의 잠재력과 강점을 무시하면서 스스로를 평가절하하기 일쑤입니다. 나를 행복하게 만들 수 있는 가장 중요한 사람은 다름 아닌 나 자신입니다. 동서고금의 수행자들도 "내 마음의 평화를 지키는 것은 다름 아닌 나 자신이니 밖에서 답을 찾지 말라. 답은 그대 안에 있다."라고 가르쳤습니다. 나는 내 몸과 마음의 고통을 치유하는 최고의 의사입니다. 일상 속에서 나 자신과 스스로 우정을 쌓는 수행을 해 보세요.

- 나 자신의 강점과 잠재력을 신뢰하고 존중합니다.
- 부정적인 생각과 감정으로 휘둘리지 않습니다.
- 내가 힘들 때 친절하게 위로하고 격려할 줄 압니다.
- 나 자신에게 솔직히 대하며 속이지 않습니다.

누구에게나 '오래된 눈물'이 남아 있습니다. 아직 아물지 않은 신체적 · 정신적 상처 또는 말에 의한 상처들이 남아 있습니다. 때로는 말한마디에 의한 상처가 물리적인 상처보다도 더 강하고 깊게 남을 수도 있습니다. 나를 사랑하려면 오래된 눈물을 보듬고 배려할 수 있어야 합니다. 온갖 종류의 고통에 마음을 개방하고 스스로와 우정을 쌓는 일이 필요합니다.

'새로운 습관' 만들기

"진정한 희망이란 자기 자신을 신뢰하는 것이다."

                                     – 쇼펜하우어

"자기에 대한 존경, 자기에 대한 지식, 자기에 대한 억제, 이 세 가지만이 생활에 절대적인 힘을 가져다준다."

                                     – 알프레드 테니슨

"사람들은 어느 누구보다 자신을 사랑하는데, 왜 남이 자신에 대해 말하는 것을 자기가 스스로에 대해 생각하는 것보다 더 중요하게 여기는지 이해하기 어렵다."

                               – 마르쿠스 아우렐리우스

"정말 힘든 시기를 겪고 있는 사람들에게 거리낌 없이 말하고 싶다. 우리 시대에 가장 깊숙이 숨겨진 비밀을 말하고 싶다. '그저 믿고 내려놓기만 하면 된다.' 답은 바로 '자기를 사랑하는 것'이다. 스스로를 사랑하는 것이 치유의 핵심이다."

                                 – 아니타 무르자니

"내가 나를 사랑하기 시작하면 세상도 나를 사랑하기 시작합니다."

                                   – 혜민 스님

친절한 바디스캔

　　　　　친절한 바디스캔Body Scan은 경험적인 방법으로 몸과 마음을 이완시키는 프로그램입니다. 심한 스트레스와 정서적 불편감은 몸의 특정 부위에 반드시 흔적을 남깁니다. 이럴 때 그 특정 부위를 친절하게 바디스캔하면 포옹호르몬이라 불리는 옥시토신 Oxytocin이 방출되어 안정감을 제공하며 괴로운 정서를 진정시켜 주고 심장혈관 스트레스를 줄일 수 있다고 합니다.

　학생인 딸이 어느 날 새벽에 심한 통증을 호소했습니다. 시험 전날이면 공부를 끝내야만 잠자리에 드는 오래된 습관이 있는데 그날은 몹시 피곤하여 공부를 끝내기 전에 일찍 잠자리에 들었다고 합니다. 저자는 이 낯선 상황에 대하여 무의식이 경고를 보낸 것이라고 생각했습니다.

　무의식은 잠들어 있는 동안에도 제 기능을 수행합니다. "지금까지 이런 일이 없었는데 왜 이러는 거야?" 무의식에 저장된 자동프로그램과 다르게 작동되니까 강력한 이상신호(심한 통증)를 보낸 것이라고 판단했습니다. 그래서 통증 부위를 친절하게 바디스캔하는 응급조치를 취했더니 통증이 빠르게 진정되었고 응급실까지 실려 가지 않을 수 있었습니다.

　따뜻한 물을 마신 후 몸 전체를 이완하고 호흡에 집중했습니다. 통증 부위를 친절하고 부드럽게 스스로 정성껏 바디스캔하도록 권유했습니다. 마음속으로 무의식과 대화도 나누었습니다. '걱정을 해 줘서 정말로 고마워, 잘될 거야, 너무 걱정하지 마.' 호흡에 집중하면서 10분 정도 친절한 바디스캔을 하니까 그렇게도 심했던 통증이 빠르게 진정되었습니다.

어떤 신통력을 발휘해서 통증을 치유했다고 자랑하려는 것이 아닙니다. 강력한 스트레스나 정서적 불편감이 몸의 통증으로 연결될 수도 있다는 사실을 예시한 것입니다. 몸과 마음은 유기적으로 연결되어 서로 영향을 미칩니다. 따라서 몸의 통증 부위를 바디스캔하면 치유에 도움을 줄 수 있습니다.

바디스캔에 활용할 수 있는 시나리오를 다음과 같이 소개합니다. 이것은 하나의 예시일 뿐이므로 반드시 똑같은 내용으로 할 필요는 없습니다. 이 시나리오를 참고해서 상황에 맞는 내용으로 재구성하여 활용할 수 있습니다.

'친절한 바디스캔' 시나리오

명상하면서 마음속으로 따라 합니다.

몸에서 불편함이나 통증이 느껴지나요? 그 부위를 따뜻하게 위로합니다. 그 부위에 손을 올려놓습니다. 괴로운지 불편한지를 느껴 보고 모든 감각을 있는 그대로 편안하게 내버려 둡니다.

손바닥이 따뜻한 수건이라고 생각하며 통증 부위를 부드럽게 스캔합니다. 그리고 위로의 말을 건넵니다. '통증과 불편함이 있지만 괜찮아!' 따뜻하게 어루만지며 다시 위로를 보냅니다. '괜찮아! 견딜 만해! 좋아질 거야!'

발에서 통증이나 불편함이 느껴지나요? 발에게 따뜻한 위로의 말을 건넵니다. '발아! 괜찮아. 통증과 불편함이 있지만, 괜찮아! 고마워! 사랑해!'

발에게 진심 어린 감사의 말을 건넵니다. '이렇게 작은 발바닥으로 무거운 몸을 하루 종일 떠받치고 있었구나!' '나는 너에게 거의 관심조차 기울이지 않았는데 너는 언제나 묵묵히 서 있었구나!'

배에서 통증이나 불편함이 느껴지나요? 배에게 따뜻한 위로의 말을 건넵니다. '배야! 괜찮아. 통증과 불편함이 있지만 괜찮아. 고마워!'

배에게도 진심 어린 감사의 말을 건넵니다. '하루 종일 거친 음식물을 다루며 에너지를 만들기 위해서 수고가 많았구나!' 고마운 배를 부드럽게 어루만지며 따뜻하게 위로합니다.

23^장 명상을 배우고 활용하기

마하트마 간디는 "명상은 아침을 여는 열쇠이고 저녁을 닫는 빗장이다."라고 말했습니다. 오늘날 많은 사람들이 명상을 통하여 용기와 희망, 치유와 행복을 경험하고 있습니다. 삼성, 애플, 구글, 나이키 등 세계적인 기업들도 사내에 명상실을 설치하였고 명상프로그램을 운영하고 있습니다. 스티브 잡스는 평생 동안 명상수련회에 참가했으며 직원들이 매일 30분씩 명상하도록 권장했습니다.

명상은 칼 구스타프 융, 에리히 프롬, 캔 윌버, 프리츠 펄스, 존 카밧진으로 이어지는 현대심리학에서도 심리치유의 주요 수단입니다. 명상은 어떤 특별한 사람만이 할 수 있는 신비스런 행위가 아닙니다. 명상은 몸과 마음의 긴장을 이완하고 부정적인 감정을 관리할 수 있는 마음 수행의 효율적인 방편입니다. 인생 후반전에서 수시로 명상하는 습관을 길러보세요.

의미와 효과

명상冥想, Meditation은 몸과 마음의 가교架橋로서 현재의 순간에 대한 알아차림을 증대시키고 스트레스를 줄이며 이완을 도모하고 정신적 성장을 강화하는 훈련입니다. 명상은 호흡, 소리, 물건, 동작 또는 주의注意에 초점을 두는 적극적인 훈련으로서 단순한 멍 때리기와는 다릅니다. 현대 대중명상에서는 명상에 대한 정의의 기준을 심신의 건강에 두고 의학적·심리학적인 관점에서 정의하는 경향이 두드러집니다. 세계적인 명상지도자들의 말을 참고하면 도움이 될 것 같습니다.

"명상은 사물의 본래 모습을 깊이 들여다보는 일이다. 명상은 흐르는 강물 속의 조약돌들, 강의 모든 굽이들을 훤히 비추는 것이며 세세한 것들을 지켜보면서 깨어 있는 것이다."

— 틱낫한

"명상은 우리로 하여금 우리가 좋든 싫든 삶이라는 길 위에 있음을 깨닫게 하는 것이다. 명상은 우리의 삶의 길에 방향과 목적지가 있음을, 삶이 순간순간마다 늘 펼쳐지고 있음을, 그리고 지금의 순간이 다음 순간에 영향을 미친다는 것을 깨닫도록 도와준다."

— 존 카밧진

"명상은 마음가짐을 새로이 하는 것이다. 본질을 꿰뚫고 사물의 관련성을 발견하고 주변을 바라보는 새로운 시각에 익숙해지는 것이다. 존재와 의식을 단련하는 새로운 존재양식에 익숙해지는 것이다."

— 마띠유 리카드

'새로운 습관' 만들기

"명상의 궁극적인 목표는 순수의식이다. 빛과 사랑과 지혜로 가득한 자신의 내면을 온전히 체험하는 것이다. 즉, 참된 자아의 마음을 체험하는 것이다. 명상 수행의 핵심적인 과제는 삶이 주는 불확실성과 그로 인한 두려움을 어떻게 모면할 것인가가 아니라 '그 불편한 것들과 어떻게 사이좋게 지낼 것인가'이다."

— 페마 초드론

"삶은 끊임없이 앞으로 나아가는 과정이며 먼저 있었던 곳을 버릴 수 없다면 순조롭게 앞으로 나아가지 않는다. 낡은 틀이 우리를 고려하지 않고 먼저 스스로 무너질 때 고통스럽다. 그러나 삶은 연속적인 흐름이기 때문에 여러 번 정체성의 위기를 겪을 수 있는 것이다. 삶의 흐름 속에서 적절하게 놓아 버리고 끝냄으로써 새로운 것을 받아들이고 환영하는 방법을 배우는 것이 명상이다."

— 존 웰우드

"명상은 감정의 과잉상태를 고해상도로 인식하는 것이다. 감정이 발생하고 사라지는 순간의 느낌과 그 사이의 모든 미묘한 변화를 인식할 수 있는 능력을 기르는 것이다."

— 차드 멍 탄

"명상은 주의집중과 알아차림에 초점을 둔 자기제어훈련이며, 목적은 정신작용을 적극적인 자발적 제어하에 두고, 그로써 정신적 행복감과 고요 · 명징 · 집중력과 같은 특별한 능력을 개발하는 것이다."

— Walsh & Shapiro

심리학, 뇌과학, 신경과학, 사회과학 분야에서 명상의 효과를 검증한 논문들이 국내외에 헤아릴 수 없이 많습니다. 다음은 신경정신과 의사인 전현수 박사가 말한 '명상의 열한 가지 이득'에서 일부를 요약 인용한 것입니다.

① 신체적 정신적 고통을 크게 줄일 수 있다

② 관찰적 자아(自我)가 강해진다

자아에는 경험하는 자아와 관찰적 자아가 있다. 경험하는 자아는 우리가 행동할 때 작용하는 자아이고 관찰적 자아는 경험하는 자신을 보는 자아이다. 관찰적 자아가 발달하면 행동을 하면서 자기가 뭘 하고 있는지를 알게 되어 잘못된 행동을 고친다. 명상을 하면 관찰적 자아가 강화되어 자기를 지켜보는 힘이 강해지며, 마음에 동요나 힘든 일이 있어도 불안으로 반응하지 않고 외부현상이나 자기 자신의 내부를 있는 그대로 관찰하여 적절한 반응을 하게 된다.

③ 과거를 놓을 수 있다

고통을 초래하는 과거의 반응을 현재에 맞는 적절한 반응으로 바꾸는 것이다. 인간은 어떤 면에서는 고도의 컴퓨터와 같다. 순간순간 자동으로 사고하고 움직인다. 명상은 우리 자신을 순간순간 업그레이드시키는 것과 같다. 적절한 것은 유지시키고 알맞지 않은 것은 순간순간 수정해서 효율성을 높이는 것이다.

④ 부정적인 과거를 정화할 수 있다

과거의 무지, 욕심, 미움이 더 이상 힘을 못 쓰게 한다. 올라오는 대로 그냥 지켜보면 나중에는 사라지며 과거가 정화된다. 우리 마음에서 일어나는 과거에 가졌던 무지, 욕심, 미움을 보면서 그것들이 더 이상 힘을 쓰지 못하도록 한다.

⑤ 인과(因果)의 법칙을 깨달을 수 있다

몸과 마음을 관찰해 보면 모든 것에는 원인이 있고 결과가 있음을 알게 된다. 현재를 받아들이지 못할 때 화와 원망이 있고 남과 비교하여 정신적인 안정을 잃는다. 인과의 법칙을 알면 무슨 일이 일어나든 어떤 상태에 있든 현재를 받아들이고 지금의 내 행동이 앞으로 올 미래를 결정한다는 것을 알게 된다.

⑥ 반응이나 감정이 일어날 때 일찍 그것을 알아차리고 다스릴 수 있다

화가 났을 때 호흡에 집중하면 화가 가라앉는 것을 경험할 수 있고 스스로 부정적인 감정을 통제할 수 있는 자신감이 생긴다. 어떤 반응이나 감정이든 초기에는 그 힘이 약해서 다스리기가 쉽다. 그러나 그것이 마음속에 확고히 자리 잡은 후에는 힘이 강해져서 다스리기 어렵다.

⑦ 억압된 과거의 경험을 의식에서 다룰 수 있다

무의식 속에서 우리를 힘들게 하는 과거경험이 명상을 하거나 생활하는 가운데 떠올라서 그것을 다시 경험하고 해결할 수 있게 된다.

⑧ 뇌와 면역체계에 긍정적인 변화가 온다

MRI와 최첨단 뇌파검사 결과 자비심, 사랑, 공감과 같은 긍정적인 감정과 관련이 있는 뇌의 전전두엽이 활성화되고 뇌의 여러 부위 간 교통이 활성화된다. 부교감 신경의 활성화로 중추신경계가 균형을 이루게 된다. 혈관 확장 기능을 하는 산화질소(NO)를 분비하여 혈관

건강에 도움을 준다.

⑨ 질병, 죽음에 대한 두려움이나 공포를 극복하게 된다

내 몸과 마음이 내 것이 아니라는 것을 알고 현재에 집중하고 인과의 법칙을 깨달으면 죽음에 대한 공포는 많이 줄어들게 된다.

⑩ 인간관계에서 평정심을 유지하는 법을 배울 수 있다

감정적으로 반응하지 않고 듣는 법을 배운다. 거슬리는 말을 듣거나 칭찬을 들을 때 화내거나 우쭐거리지 않고 편안하고 안정된 상태에서 그대로 듣게 된다. 예를 들어 단지 소리에 집중하는 명상을 하므로써 점차적으로 소리를 들었을 때 거기서 의미를 빼 버리는 것을 배우게 된다. 그래서 어떤 말을 들었을 때 감정적으로 반응하지 않고 듣는 것을 배우게 된다.

⑪ 집중력이 강해진다

마음이 여러 대상으로 가지 않고 한 대상으로만 가는 훈련을 함으로써 무엇을 하든 그것에 집중하는 힘이 강해진다. 햇빛을 돋보기를 이용해 모으면 종이를 태울 수 있듯이 집중된 마음은 사물의 본질을 꿰뚫을 수 있다.

자세와 주의사항

독일의 심리학자 미켈J. Michalak은 광학모션캡쳐시스템을 이용하여 몸의 자세가 마음에 미치는 영향을 분석했습니다. 어깨를 움츠리고 목을 떨구고 몸을 기울이는 자세를 취하는 것만으로도 우울해지며 어깨를 활짝 펴는 것만으로도 행복하고 따뜻한 감정을 느낄 수 있다고 합니다. 많은 사람들이 똑바른 자세를 취하고 있는 것으로 확신하지만 거울로 확인하면 몸이 기울거나 부자연스런 상태로 힘이 잔뜩 들어가 있음을 확인할 수 있습니다.

똑바른 자세를 의식적으로 취하려는 과정에서 몸에 힘이 들어갑니다. 힘을 빼고 이완된 자연스런 상태가 되어야 합니다. 명상하는 동안 올바른 자세를 흐트러짐 없이 유지하는 것만으로도 결코 쉬운 일이 아닙니다. 명상의 가장 일반적인 자세는 앉는 것이지만 걷거나 서거나 누워 있는 상태에서도 얼마든지 명상할 수 있습니다.

◆　　　　　명상하는 자세 (앉는 자세)　　　　　◆

① 자신에게 가장 편안한 자세로 앉습니다.
② 몸 전체를 좌우로 가볍게 흔들어 최대한 편한 자세를 취합니다.
③ 척추와 어깨를 곧게 펴고 몸에 힘을 뺍니다.
④ 두 팔은 손바닥을 위로 향하여 힘을 빼고 무릎에 편히 놓습니다.
⑤ 눈은 힘을 뺀 채로 살며시 감고 있습니다.

---

⑥ 호흡은 평소대로 천천히 부드럽게 합니다.

⑦ 몸에 힘이 들어가 있는지를 알아차리고 긴장을 풀어 줍니다.

⑧ 마음속의 채팅에 참여하지 말고 미동도 없는 고요한 침묵 속에서 느낌과 감각을 관찰하며 흘려보냅니다.

※ 긴장을 풀고 이완하는 것이 가장 중요합니다.

명상을 통하여 마음의 평온함을 얻을 수 있는데 이는 일시적이고 부수적인 하나의 현상일 뿐입니다. 명상을 통하여 얻게 되는 좋은 느낌에 탐착하면 역효과를 초래할 수 있습니다. 그러므로 명상에서는 올바른 마음가짐을 갖는 것이 중요하며 세계적인 명상지도자들도 이러한 점에서 특별한 주의를 당부하고 있습니다.

"모든 괴로움은 현상을 있는 그대로 보지 못하는 잘못된 인식에서 생긴다. 명상을 통해 평화로워지려고 억지로 노력하면 내면으로부터 저항감이 생긴다. 명상을 처음 하면 그런 것을 느낀다. 노력 자체도 하나의 억압이다. 우리의 느낌과 생각들은 강물처럼 흘러야 하며 그 흐름을 관찰하며 따라가기만 하면 된다. 명상을 한다는 것은 문제와 싸운다는 뜻이 아니라 관찰한다는 뜻이다."

— 틱낫한

"명상하다가 신비 체험을 할 수도 있다. 그것은 좋은 일도 나쁜 일도 아니다. 명상은 기분전환을 위한 것도 아니고 무언가를 뜯어고치려는 것도 아니다. 명상은 내가 가진 존재방식 그대로와 단순하고 직접적으로 소통하는 것이다. 마음이 들뜨고 불안하고 방황할 때마다 '머무르라'며 부드럽게 달래고 다독거려라. 머무르라, 머무르라, 그저 지금 여기 머무르라. 감정을 억누르는 수단으로 명상을 오용한다면 세월이 흘러도 헛수고일 뿐이다."

— 틱낫한

"즐겁거나 불쾌한, 좋은, 나쁜, 명예롭지 못한 각각의 순간을 그대로 받아들이고 각 순간이 현재 존재하는 것이기 때문에 그것과 더불어서 있는 것이다. 어떤 것도 추구하거나 집착하거나 거절할 필요 없이 지금 이 순간 완전히 존재하는 것에 안주할 때만 명상을 통한 고요함과 통찰력과 지혜가 일어난다."

— 존 카밧진

"명상을 하며 노력해도 나는 왜 평화롭지 않은가? 평화를 추구하려 하지 마라. 평화를 명상이라는 외부에서 찾으려 하지 마라. 지금의 상태가 아닌 다른 상태를 추구하지 마라. 지금에 있지 않을 때 내면의 갈등을 겪고 무의식적으로 저항한다. 그냥 평화롭지 못한 자신을 용서하라. 스스로 평화롭지 못하다는 것을 완전히 인정하는 순간에 평화가 올 것이다. 완전한 수용은 내맡김의 기적인 것이다."

— 에크하르트 톨레

① 느낌이나 생각을 억지로 누르거나 지우려 하지 않습니다.

② 알아차리는 마음에 탐욕, 성냄, 어리석음이 없어야 합니다. 무엇을 얻거나 없애려는 것이 아니라 오직 깨어서 자각하는 것입니다.

③ 명상은 알아차리는 것과 아는 것을 그대로 다시 지켜보는 것이지 생각하거나 후회하거나 판단하는 것이 아닙니다.

④ 명상은 좋은 것만 알아차리는 것이 아니라 싫은 것도 있는 그대로 알아차리는 것입니다.

⑤ 생각 자체를 문제로 삼지 마세요. 생각하지 말아야 하는 것이 아니라 어떤 생각을 하면 생각하고 있다는 것을 알아차리는 것입니다.

⑥ 어떤 마음으로 명상하고 있는지를 알아야 합니다. 올바른 동기를 가져야 하고 체험하는 현상에 매몰되거나 집착하지 말아야 합니다.

⑦ 명상은 어떤 대상을 없애려는 것이 아니라, 대상(현상) 때문에 일어난 번뇌를 있는 그대로 알아차리려는 것입니다.

⑧ 피곤하고 고통스럽고 무거운 상태에서는 명상을 할 수 없습니다. 긴장과 경직에서 벗어나 이완하되 방심하거나 게으르지 않아야 합니다.

⑨ 생각을 끊어 내는 게 아니고 하나(호흡 등)에 집중하면 생각이 흩어지고 사라지는 것입니다. 대상에 집중하는 것이지 멍 때리고 있는 게 아닙니다.

⑩ 초보자는 바른 안내자의 도움을 받는 것이 필요합니다.

수많은 명상단체들이 다양한 프로그램을 운영하며 민간자격증도 교부합니다. 지인 중에는 각종 명상단체의 프로그램들을 옮겨 다니며 자격증을 쇼핑하는 사람이 있습니다. 비싼 돈을 들여서 이리저리 쫓아다니며 자격증을 딸 필요는 없습니다. 어떤 명상단체의 어떤 프로그램에 참여할 것인가를 결정하는 일은 신중해야 합니다. 명상의 효과를 신비주의적인 방향으로 이끌어서 돈벌이에 악용하는 단체도 있기 때문입니다.

독학으로 명상에 입문할 수도 있지만 이 경우에도 가급적이면 공식프로그램을 체험해 보는 것이 좋으며, 저자는 오대산 월정사의 자연명상마을OMV을 추천합니다. 지인 중에 명상의 달인이라고 자칭하는 독학파가 있는데, 그는 명상을 통해 무아지경의 즐거움을 체험한다고 합니다. 그런 즐거움도 일시적인 현상일 뿐이며 그것에 탐착하면 중독에 빠져서 관계 단절, 나태함의 문제가 생길 수 있습니다. 직업적인 목적이 아니라면 명상프로그램에 돈과 시간을 많이 투자할 필요는 없습니다. 명상의 원리를 공부한 후에 일상생활 속에서 짧게라도 꾸준히 실천하는 것이 중요합니다.

저자는 자애명상을 자주 하는데 이를 하나의 사례로서 소개합니다. 모든 명상법이 자신의 내면을 향하고 있는데 자애명상은 외부의 대상을 향한다는 특성을 갖고 있습니다. 또한 자애명상은 인지적인 방식으로 분노를 사랑으로 대치하는 명상입니다. "자애명상은 다른 사람들을 향하여 자애를 가지고 자신의 마음을 넓게 개발하는 명상이며 여기서 자애慈愛는 사랑, 우호, 연민, 호감을 말합니다. 이것은 신의 은총과 같은 것이 아니라 스스로 수행을 통해서 닦고 개발한 것으로서 나를 포함한 모든 존재가 다 행복하고 평안하기를 바라는 거룩하고 고결한 마음입니다."

자애명상은 사회적 유대감 및 긍정성의 제고, 분노 조절 및 스트레스 감소에 좋은 효과가 있는 것으로 국내외 다수 논문들에 의해 입증되었습니다. 따라서 최근 서양에서는 Gilbert의 CFTCompassion Focused Therapy, Neff & Germer의 MSCMindful Self - Compassion 등 자애명상 응용프로그램이 인기를 끌고 있습니다.

자애를 보내는 순서는 자기 자신, 아주 좋아하거나 존경하는 사람, 전혀 무관한 사람, 원한 맺힌 사람 등입니다. 타인에게 자애를 보내기에 앞서서 자기 자신에게 충분한 자애를 보내는 것이 중요합니다. 또한 호흡명상을 먼저하고 이어서 자애명상을 하는것도 매우 효과적인 방법입니다.

자애명상 시나리오

등과 어깨를 활짝 펴고 눈을 감고 편안히 이완합니다.
숨을 깊이 들이마시고 내쉽니다.
몸과 마음에서 일어나는 현상을 그대로 지켜봅니다.
생각이나 감정이 일어나면 그냥 가만히 흘려보냅니다.
먼저 나 자신에게 따뜻한 자애의 마음을 보냅니다.
호흡에 마음을 챙기면서 마음속으로 따라 합니다.

부디, 내가 고통에서 벗어나기를….
부디, 내가 행복하기를….

분노심, 후회심, 수치심, 억울함의 감정이 아직도 남아 있나요?
그런 나에게 다시 한번 따뜻한 자애의 마음을 보냅니다.
호흡에 마음을 챙기면서 마음속으로 따라 합니다.

부디, 내가 고통에서 벗어나기를….
부디, 내가 행복하기를….

사랑하는 가족이나 친구들의 모습을 떠올립니다.

그들이 지금 내 앞에 있다고 상상합니다.

그들에게 따뜻한 자애의 마음을 보냅니다.

호흡에 마음을 챙기면서 마음속으로 따라 합니다.

부디, 가족 모두가 고통에서 벗어나기를….

부디, 가족 모두가 행복하기를….

이번에는 모든 생명에게 자애의 마음을 보냅니다.

호흡에 마음을 챙기면서 마음속으로 따라 합니다.

부디, 생명 있는 모든 존재들이 고통에서 벗어나기를….

부디, 생명 있는 모든 존재들이 행복하기를….

호흡에 마음을 챙기면서 마음속으로 따라 합니다.

우리들이 있는 그대로의 사실을 받아들일 수 있기를….

우리들이 오고 가는 사건들에 의해서 방해받지 않기를….

우리들 모두가 고통에서 벗어나기를….

우리들 모두가 행복하기를….

24^장 '현존의 기쁨' 발견하기

"아무리 물질적으로 풍족하더라도 현존의 기쁨과 흔들리지 않는 평화라는 참된 재산을 발견하지 못했다면 그는 거지이다. 우리는 충만한 기쁨의 조각들을 자신의 가치나 안전이나 사랑을 외부에서 찾아 헤매고 있다. 하지만 세상이 제공하는 그 무엇에도 비길 수 없는 보물상자를 우리의 내면에 갖고 있다." 21세기 대표 사상가 에크하르트 톨레의 말입니다.

현존現存, Presence을 일상 속에서 발견할 수 있는 방법은 무엇일까요? 몸과 마음에서 일어나는 경험을 알아차림 하면서 저항하거나 판단하지 않고 그냥 바라보는 것입니다. 예를 들어, 어떤 일로 화가 갑자기 올라오면 그 감정을 알아차립니다. 그 감정이 어떻게 변하는지를 가만히 관찰하며 '그럴 수도 있겠구나, 그럴 수도 있지.'라는 자비심(사랑+연민)을 일으킵니다. 여기에서 가장 중요한 요소인 알아차림에 대하여 간략히 소개합니다.

알아차림의 지혜

알아차림은 매 순간의 경험과 함께 존재하는 것입니다. 매 순간의 경험을 있는 그대로 바라보며 허용하는 것으로서 이는 마음수행의 핵심적인 요소입니다. 한자로 쓰면 기억하기에 아주 편리합니다. 알아차림은 한자로 '정념정지正念正知'이며 바를 정正은 일단 멈춘다一+止는 뜻이고 생각 념念은 지금의 마음今+心입니다. 따라서 알아차림을 글자 그대로 풀면 '일단 멈추어서 지금의 마음을 있는 그대로 알아차리는 것'입니다.

[알아차림 (正念正知)]

일단 멈추어서(正 =一 +止) 지금의 마음(念 =今 +心)을
있는 그대로 알아차리는 것(正知)

알아차림은 사띠sati, 잡념 없는 마음챙김으로도 불립니다. "알아차림이란 표면에 떠 있는 마음챙김이 아니라 물속에 가라앉은 커다란 바위처럼 깊이 있는 마음챙김으로서 알아차림을 하는 동안 마음에 불선不善한 것이 들어올 수 없고 만약 불선한 것이 들어왔다면 그것은 알아차림을 놓친 상태"라고 말할 수 있습니다.

"우리는 마음속의 이미지를 그것의 실체와 쉽사리 혼동하는데, 내가
인식한 것을 그것의 실체로서 오해하는 것을 피하기 위한 노력이 알

아차림이다. 알아차림은 우리 내면에서 일어나는 두려움, 화, 질투, 슬픔이 있다는 것을 인지하고 그것을 판단하거나 나쁘다고 말하지 않는 것이며 몸과 마음에서 일어나는 모든 것을 관찰할 뿐 칭찬이나 질책이나 판단을 하지 않은 채 일어나는 것들을 그대로 맞이하는 것이다."

– 틱낫한

"알아차림은 현재 순간에 전개되는 모든 경험을 적극적이고 비판단적으로 수용하는 것이다. 다시 말하면 깨어 있는 마음으로 매 순간의 변화하는 존재 현상을 알아차리는 것이고 두 눈으로 자신의 내면을 바라보는 것이다."

– 존 카밧진

고통과 알아차림의 관계는 연기론緣起論을 통해서 잘 드러납니다. 연기론은 인간이 외부자극에 접하여 주관적 세계를 구성하는 과정을 설명합니다. 감각기관과 대상의 접촉을 원인으로 느낌이 생기고 느낌을 원인으로 애증愛憎이 생기고 애증을 원인으로 집착이 생겨서 결국 고통의 원인인 탐욕과 성냄에 이르게 됩니다.

우리는 있는 그대로를 보지 않고 지각된 현실을 소재로 끊임없이 자기 충족적인 세계를 만들기 때문에 고통스럽습니다. 애와 집착의 단계가 중요한데 이로부터 고통이 필연적으로 발생합니다. 따라서 느낌과 애와 집착 사이에 알아차림이라는 차단막을 설치함으로써 고통을 관리할 수 있습니다.

```
┌─────────────────────────────────────────────────────┐
│                                                       │
│   감각기관과 대상의 접촉 → 느낌 → 애증 → 집착 → 고통        │
│                         ↑       ↑                     │
│                       알아차림                          │
│                                                       │
└─────────────────────────────────────────────────────┘
```

알아차림은 분노, 불만족, 절망, 고독, 공격적인 마음, 짜증, 괴로움, 미움, 불안, 시기질투, 두려움, 수치심, 복수심, 부끄러움, 서러움, 울분, 원망, 자기혐오, 슬픔, 회피 등과 같은 부정적인 감정의 울타리에 자기 스스로를 가두어 놓는 습관을 완화시키는 기능을 합니다. 또한, 이러한 부정적인 감정들을 자비심으로 대처할 수 있도록 만들어 줍니다.

알아차림은 부정적인 감정과 관련이 있는 어떤 대상을 바라보는 것이 아니라 내 마음의 바탕, 즉 내면을 바라보는 것입니다. 대상은 나의 외부에 존재하는 것이므로 내가 마음대로 통제할 수 없습니다. 따라서 외부의 어떤 대상을 따라가는 대신에 시선을 안으로 되돌려서 나 자신의 내면을 바라보아야 합니다. 나의 내면은 내가 스스로 통제할 수 있는 영역이기 때문입니다.

알아차림의 과정은 ① 내면의 느낌에 주의 기울이기 ② 그 느낌이 거기에 있다는 것을 그대로 받아들이기(생각으로 바꾸거나 분석하거나 판단하지 않기) ③ 느낌과 생각과 감정을 자신과 동일시하지 않기 ④ 현재에 머물며 내면에서 일어나는 현상을 있는 그대로 바라보기 ⑤ 부정적인 마음현상이 일어나도 침묵의 관찰자로 그대로 남아 있기 ⑥ 일어나는 현상을 알아차리기로 세분화할 수 있습니다.

몸과 마음에서 자생적으로 일어나거나, 몸과 마음이 외부의 대상에 반응해서 일어나는 모든 현상에 대하여 알아차림하는 습관을 가져 보세요. 그러면 인생 후반전의 원천에너지인 '내면의 힘'을 기를 수 있습니다. 좋고 나쁜 느낌, 생각, 감정, 행동욕구들이 서로 작용하여 증폭되지 않게 됩니다. 부정적인 감정이 일어날 때마다 내가 나에게 쏘는 두 번째, 세 번째의 화살을 맞지 않을 수 있습니다.

세계적인 명상지도자 틱낫한은 "매 순간 알아차림의 씨앗에 물을 주라. 절망과 분노, 성냄과 분별, 고독과 같은 부정적인 감정의 이면에는 자애, 이해, 환희와 같은 부드러운 감정이 연결되어 있으므로 알아차림의 씨앗에 물을 주면 행복과 평화의 에너지가 드러난다." 라고 말했습니다.

"분노, 질투, 자기방어, 말다툼, 합리화, 아이 같은 마음, 어떤 감정적 고통이 일어나려고 하면 그것이 무엇이든 그 순간의 현실을 알아차리고 그 상태를 유지하라. 자신에 관한 판단을 중지하고 타인에 관한 판단을 중지하라. 당신의 유일한 탈출구는 그저 지켜보는 것이다. 자신이 인식함을 알아차림으로써 그저 계속 놓아 보내라. 이것이 내적 성장의 온갖 관문들을 통과하는 방법이다."

– 칼 로저스

"감정에 사로잡혀 마음이 답답할 때마다 기억하라. 괴로움은 공격적인 마음에서 비롯된다. 잘 지켜보면 가슴이 그것을 모두 밀쳐 내려 애쓰고 있는 것을 발견한다. 자유로워지고 싶다면 이런 인간적인 감정들과 싸우기를 그치는 법을 터득해야만 한다. "

– 마이클 싱어

"수치심, 수심, 부끄러움, 서러움, 울분 같은 느낌을 있는 그대로 알아차리라. 그 모든 감정이 우리가 인간이기에 느끼는 것임을 인정하고 스스로를 인정하라. 명료한 의식으로 모든 감정을 흘려보내고 새롭게 시작하라. 모든 것을 멈추고 지금 이 순간에 무슨 일이 일어나고 있는지를 제대로 관찰하고 알아차리고 감사하는 것이 수행이다."

– 페마 초드론

"수행의 본질은 하나이다. 타인에 대한 원망이나 자기혐오가 일어났을 때 연쇄반응에 휩쓸리지 말고 알아차리는 것이다. 마음속에서 부글부글 일어나는 온갖 혼잣말들을 멈추는 것이다. 그러면 몸에서 일어나는 감각을 온전히 느낄 수 있다. 마음에 불편한 감정이 일어나거든 그 에너지를 발산하거나 애써 억누르지 마라. 그냥 있는 그대로 알아차리고 그냥 흘러가게 놓아두라. "

– 페마 초드론

심리치료 단체들은 알아차림을 통하여 인간의 고통을 줄이고 심리건강에 기여하려는 시도를 하고 있는데 현대심리학에서는 마음챙김Mindfulness이라는 용어를 사용합니다. 이는 위빠사나명상의 핵심

요소인 알아차림sati에서 파생된 것입니다. 마음챙김에 기초한 프로그램들은 심리치료의 맥락에서 뚜렷한 흐름을 형성하고 있습니다.

현대심리학에서 마음챙김에 대한 엄격하고 합의된 정의는 없지만 "일상적 의식 또는 주의의 상태와 질적으로 다른 의식의 상태" 정도로 요약됩니다. 현대심리학에서 임상적으로 널리 사용되는 심리치료 프로그램들의 마음챙김에 대한 키워드를 요약하면 다음과 같습니다.

- **마음챙김에 기초한 스트레스 완화 프로그램 (MBSR)**

  비판단, 인내, 초심, 신뢰, 비추구적 태도, 비집착, 수용

- **마음챙김에 기초한 인지치료 (MBCT)**

  현재자각, 비집착, 집중, 거리 두기, 탈중심화, 메타 인지적 기술과 통찰

- **변증법적 행동치료 (DBT)**

  관찰하기, 기술하기, 자각을 갖고 행동하기, 비판단적 수용

- **수용전념치료 (ACT)**

  수용, 현재 순간 자각, 인지적 탈융합, 맥락으로서의 자기

뇌과학에서는 "부정적인 감정은 알아차리기만 하면 몸의 자동조절장치가 작동된다. 알아차림은 뇌의 감정처리시스템인 편도체에

영향을 주어서 마음을 조절한다. 편도체가 활성화되면 신호가 이성과 생각의 회로인 전전두엽을 거치지 않고 곧바로 소뇌로 전달되어서 습관적인 자동반응 상태가 되므로 느긋하게 살피지 않고 곧장 반응하여 습관에서 벗어나지 못하게 된다. 전전두엽은 편도체의 이러한 흥분 상태를 조절하는 기능을 한다. 따라서 알아차림은 감정에 즉각 반응하지 않고 관찰하는 과정을 통하여 편도체의 활동을 전전두엽의 활동으로 전환하는 효과가 있다." 라고 설명합니다.

영역별 알아차림

① 몸 알아차림 _____

몸에서 통증이 일어나면 그 부위가 어디인지, 어떤 종류의 통증인지(예: 욱신거림, 저림, 아픔 등)를 알아차립니다. 그 통증이 어떻게 변화되는지도 알아차립니다. 통증이 있더라도 가급적 움직이지 않고 저항 없이 견디는 것이 좋습니다. 견디기 힘들 정도로 심하면 다리를 고쳐 앉거나 몸을 흔들거나 자세를 약간 바꾼 후에 알아차림을 계속합니다. 통증이 사라지면 호흡으로 돌아갑니다. 통증과 같은 감각현상이 느껴지더라도 그 감각현상 자체를 관찰하지 않고 들숨과 날숨의 전체 과정을 알아차리면서 지켜보는 것도 좋습니다.

② 느낌 알아차림 _____

느낌이 일어나면 그 느낌에 대하여 어떤 의미도 부여하지 않고 집착이나 저항도 하지 않고 '느낌 있음'을 알아차립니다. 마치 다른 사람의 일인 양 바라봅니다. 그 느낌이 어떤 종류(좋은 느낌, 나쁜 느낌, 좋지도 나쁘지도 않은 느낌)이며 어떻게 흘러가고 변하는지를 알아차리면서 바라보기만 합니다. 알아차리면서 바라보고 있으면 느낌은 안개가 점점 옅어지다가 걷히듯이 사라집니다. 느낌이 사라지는 현상도 알아차립니다. 느낌이 사라지면 '느낌 없음'도 알아차리며 호흡으로 돌아갑니다. 느낌 현상을 따라가면서 관찰하지 않고 들숨과 날숨의 전체 과정을 알아차리면서 지켜보는 것도 좋습니다.

③ 마음 알아차림

생각이 일면 없애거나 누르거나 회피하지 말고 일어나는 생각을 그대로 알아차리면서 사라질 때까지 바라봅니다. 생각이 몸의 반응으로 이어지고 있는지도 알아차립니다. 몸의 어떤 부위에서 어떤 반응이 일어나는지를 알아차립니다. 슬픔이나 분노의 감정이 일면 그것도 알아차리고 바라봅니다. 슬픈 감정으로 눈물이 나면 억누르지 말고 허용하며 사라질 때까지 알아차리며 바라봅니다. 긴장이나 외로운 감정도 마찬가지입니다.

생각이나 감정이 일어날 때 어떤 의도가 생기는지도 알아차립니다. 그만하고 싶고, 도망가고 싶고, 숨기고 싶고, 저항하고 싶은 의도를 알아차리며 사라질 때까지 바라봅니다. 생각이나 감정이나 의도가 사라지면 호흡으로 돌아갑니다. 생각이나 감정이나 의도 현상을 따라가면서 관찰하지 않고 들숨과 날숨의 전체 과정을 알아차리면서 바라보는 것도 좋습니다.

④ 대상 알아차림 _____

　대상은 귓속에서 들리는 어떤 소리일 수도 있고 외부에서 들리는 어떤 소리일 수도 있습니다. 어떤 추억이나 상상일 수도 있습니다. 어떤 사람이나 사건일 수도 있고 이미지일 수도 있습니다. 대상으로 인하여 호흡에 집중이 안 되면 집중하려는 의도를 멈추고 대상을 알아차리면서 바라봅니다. 대상을 의도적으로 없애거나 유지하거나 해석하지 않습니다. 보이면 보이는 대로 들리면 들리는 대로 허용하면서 변화를 알아차리며 바라봅니다. 예를 들어 바다가 대상으로 떠오르면 위험했던 기억과 연결되어 좋지 않은 느낌, 두려운 감정, 도망가고 싶은 의도, 통증 같은 현상이 일어날 수 있습니다. 현상을 알아차리며 바라보고 있으면 고요해지고 평화로워집니다. 평화로운 마음을 알아차리면서 호흡으로 돌아갑니다.

　삶의 지혜도 알아차림의 대상입니다. 고통스런 감정이 일면 그것이 존재의 고통임을 사유하며 고통의 생겨남을 알아차립니다. 고통의 생겨남과 커짐을 관찰하며 그것이 어리석은 견해, 신념, 자동적 사고 때문임을 알아차립니다. 사회적 지위, 역할, 돈, 명예, 권력, 나이 등을 나의 자아인 것으로 인식하는 어리석음도 알아차립니다. 호흡에 집중하면서 "모든 것은 변한다."라는 진리 앞에 진정으로 마음 굽힙니다. 강력한 자아관념과 고정관념에 사로잡혀 있기 때문에 더욱 고통스럽게 된다는 사실도 알아차립니다. 사소하게 반복되는 모든 일상이 감사와 기적임도 알아차립니다. 지금여기의 일상에 집중하면서 만족할 줄 아는 삶을 살아가는 것이 행복임을 알아차립니다.

Part Ⅳ

'나만의 천직'
찾기

모든 사람은 천직이 있다.
그 일을 발견하는 것이
인생에서 가장 중요한 일이다.

– 나다니엘 호손

25^장 인생 후반전, 어떻게 살 것인가

기본 방향

먼저, 인생 후반전의 기본방향을 큰 틀에서 분명히 설정할 필요가 있습니다. 이것을 어떻게 설정하느냐에 따라서 많은 것이 달라지기 때문입니다. 예를 들어, 그냥 편안하게 살기를 원한다면 취미생활이 중요한 관심사가 될 것입니다. 의미있는 사회적 역할을 원한다면 강점과 능력을 바탕으로 새로운 천직을 찾는 일이 가장 중요한 관심사가 될 것입니다.

상당수의 은퇴 전문가들은 "인생 후반전에서 위험성이 있는 일에 도전하지 말고 안정을 최우선으로 해야만 한다."라고 강조합니다. 그런데 미국에서 가장 잘나가는 은퇴설계전문가인 라이더R. J. Reider 박사는 반대의 관점으로 조언합니다. 우리나라는 현재 베이비붐세대의 은퇴를 처음으로 경험하고 있기 때문에 이들의 노후기간 전체에 대한 실증적인 연구가 사실상 이루어지지 않은 상태입니다.

몇 년 전에 서울시와 주한미국대사관이 공동으로 '앙코르 50+ 포럼'을 개최한 적이 있었습니다. 이 포럼에서 라이더 박사는 1970년부터 수만 명의 미국 베이비붐세대 은퇴자들을 인터뷰한 내용을 소개했습니다.

그에 따르면 "대부분의 은퇴자들이 자신의 삶을 되돌아보는 계기를 갖게 되면 지금까지 살아오면서 삶의 목적을 제대로 이해하지 못했다고 후회하고 새로운 후반전에는 다이내믹하고 왕성한 사회활동을 하고 싶어 한다."라고 합니다. 따라서 이들의 증언을 기초로 하여 인생 후반전의 기본방향을 다음과 같이 제안했습니다.

첫째) 젊었을 때와 달리 노후에는 한 걸음 물러서서 자아성찰을 하라.
둘째) 젊었을 때는 해 보지 못한 리스크를 감수하면서 용기를 내어 새로운 일에 도전하라.
셋째) 나에게 맞는 일을 찾으라.

브로니 웨어Bronnie Ware는 호주에서 말기 환자들을 돌보는 간호사로 일한 사람입니다. 그녀는 수백 명의 말기 환자들이 삶의 끝자락에서 남긴 교훈을 『The Top Five Regrets of the Dying』이라는 책으로 펴내어 세계적인 베스트셀러 작가가 되었습니다. 죽음을 눈앞에 둔 사람들이 자신의 삶을 회상하면서 가장 많이 후회했던 것은 다음과 같았다고 합니다.

첫째) 다른 사람이 아닌, 내가 원하는 삶을 살았더라면….

둘째) 내가 그렇게 열심히 일하지 않았더라면….
셋째) 내 감정을 표현할 용기가 있었더라면….
넷째) 친구들과 계속 연락하고 지냈더라면….
다섯째) 나 자신에게 더 많은 행복을 허락했더라면….

인생 후반전에서도 돈 버는 일에만 맹목적으로 매달리지 말고 자신이 진정으로 원하는 일을 해 보라는 교훈입니다. 이는 앞에서 라이더 박사가 수만 명의 은퇴자들을 인터뷰한 결과를 바탕으로 제안했던 내용과 근본적으로 같은 맥락입니다. 인생 후반전을 어떻게 살 것인가? 저자는 앞에서 소개한 수많은 은퇴자들의 조언에 따라 진정한 인생 2막에 도전해 보기로 마음을 먹었습니다.

진정한 인생 2막

퇴직 후 인생 후반전을 시작하는 사람들의 모습을 보면 세 가지 유형이 있습니다. 첫째는 사회적인 역할 없이 릴랙스하게 여생餘生을 보내는 유형입니다. 평균수명이 짧았던 과거에는 환갑 언저리에 은퇴하고 취미생활이나 하면서 여생을 마무리했습니다. 연극에 비유하자면 단막극의 삶을 산 셈입니다. 경제적 노후 준비가 충분하다면 이렇게 사는 것이 로망일 수도 있습니다. 그런데 100세 시대의 긴 수명이 문제입니다. 10~20년도 아니고 무려 40년을 "초원에서 풀만 뜯는 양떼"처럼 산다는 것은 허망한 일입니다.

둘째는 돈벌이가 될 때까지 최대한 버티다가 물러나는 유형입니다. 좋고 힘 있는 직장에서 근무한 사람은 그 후광으로 언저리(자회사 등)에서 몇 년을 더 살아 남습니다. 그렇지 못한 사람은 눈높이를 낮추어 임시직과 실업 사이를 왕복합니다. 그렇게 여건이 허락될 때까지 최대한 버티다가 한계상황에 이르면 "이제 할 만큼 했다."라고 자위하며 물러나는 것입니다. 그런데 문제는 이런 식의 버티기도 기껏해야 5년 정도에 불과하다는 사실입니다. 저자는 이런 유형을 오전 인생의 10% 연장이라는 관점에서 '1.1 인생'이라고 부릅니다.

셋째는 나만의 천직을 찾아서 새로운 삶으로 나아가는 유형입니다. 저자는 이것을 두 번째 인생에 도전한다는 관점에서 '진정한 인생 2막'이라고 부릅니다. 과거에는 단막극의 삶을 살았으므로 인생 2막이라는 용어 자체가 없었습니다. 막幕은 연극 용어로서 무대를 가리기 위하여 내려오는 커튼을 가리킵니다. 1막이 끝나면 커튼으로 무대를 가리고 시설, 배우 분장, 줄거리 등 연극의 모든 요소를 바꾸고 새로운 막을 올립니다. 이처럼 진정한 인생 2막은 지금까지의 삶과는 다른 새로운 차원의 이야기를 써 나아가는 것입니다.

저자는 직장에서 은퇴했지만 일에서 은퇴하지는 않았습니다. 이제 어떤 회사를 위해서 하루 종일 일하지 않을 뿐입니다. 그 대신에 저자가 원하는 일을 스스로 계획한 방식대로 해 나가고 있습니다. 직장에 다닐 때보다 돈벌이는 안 되지만 더 자유롭고 창의적이고 도전적이며 보람이 있어서 만족스럽습니다.

저자가 다닌 직장은 자회사도 없고 힘이 있는 곳도 아니어서 퇴직 후에 당장 기댈 언덕이 없었습니다. 그야말로 퇴직과 동시에 황무지에 홀로 선 셈이었는데 5년 이상 지내고 보니까 그것이 오히려 디딤돌이 되었다는 생각도 듭니다. 그 덕분에 원점에서 천직을 재발견하여 원하는 삶으로 용기 있게 나아갈 수 있었기 때문입니다. 직장 생활을 몇 년 더 할 수 있게 되었다는 것에 대하여 너무 좋아할 일도 아닌 것 같습니다. 불과 몇 년 뒤에 물러나는 것은 마찬가지이며 전반전이 너무 길면 후반전의 시작이 더 힘겨워지기 때문입니다.

"온 세상은 무대이고 모든 여자와 남자는 배우라네. 그들은 등장했다가 퇴장하지요." 셰익스피어의 희극 'As you like it(뜻대로 하세요)'에 나오는 대사입니다. "퇴직함으로써 인생 1막을 원만하게 마쳤다는 것은 영웅으로서의 삶의 여행을 끝내고, 또다시 새로운 영혼이 탄생하는 인생 2막을 살아내기 위한 전환의 경험을 하는 것입니다." 인생 후반전에서 가장 중요한 삶의 동기는 자아실현으로서 능력과 잠재력을 의미 있게 사용하는 것입니다. 나의 특별한 열정을 용기 있게 펼칠 수 있는 재미있고 의미 있는 천직에 도전해 보세요.

"나이 든다는 것은 나의 진면목을 드러낼 기회를 갖는 것이다. 대부분의 사람들은 다른 사람들이 원하는 어떤 사람, 직업이나 회사에서 원하는 어떤 사람, 일에 적합하고 성공하기 위해 필요하다고 배운 어떤 사람이 되고자 노력하며 반평생을 산다. 그러나 나이 들면서 변화가 생긴다. 다른 사람들이 자신을 어떻게 보는지 신경 쓰기보다 본연의 자신이 되는 일에 관심을 기울인다. 이를 자아실현 성향이라 한다. 인생의 오후가 되어야 이런 성향을 띤다. 종전의 나를 내려놓고 내가 어떤 사람인지를 재발견하는 과정은 나이 듦의 과정에서 누리는 혜택이다."

– 데이비드 보차드

26^장 모든 사람은 천직이 있다

천직(天職)의 의미

　　　　　　"모든 사람은 천직이 있다. 그 일을 발견하는 것이 인생에서 가장 중요한 일이다."『주홍글씨』의 저자 나다니엘 호손 N. Hawthorne의 말입니다. 오전인생에서 해왔던 일이 자신의 천직이었다고 생각하십니까? 저자의 경우는 천직이 아니라 취직이었습니다. 학교를 졸업하고 어느 회사에 운 좋게 합격된 후 정신없이 일하다 보니까 어느새 나이 들고 등 떠밀려 물러났을 뿐입니다. 그렇다면 천직이란 무엇일까요? 거창하고 그럴듯한 일을 떠올릴지 모르겠지만 천직이란 남이 정한 기준이 아닌 나의 고유 특성을 발휘할 수 있는 일입니다.

　문화심리학자 김정운 교수는 "재미와 의미가 만나는 지점에서 인생 2막의 새로운 일을 찾으라."라고 제안했는데 이 말에 답이 들어있습니다. 재미있는 일은 내가 좋아하면서 동시에 잘할 수 있는 일

'나만의 천직' 찾기

입니다. 좋아하지만 잘할 수 없다면 얼마 못 가서 싫증을 느끼기 마련입니다. 저자도 기타 치고 노래 부르기를 좋아하지만 잘하지는 못하기 때문에 싱어송라이터의 길을 포기했습니다. 의미 있는 일은 남이 아닌 내가 지향하는 가치와 목표를 추구할 수 있는 일입니다. 재미와 의미가 있으면서 돈도 벌 수 있는 일이 천직입니다.

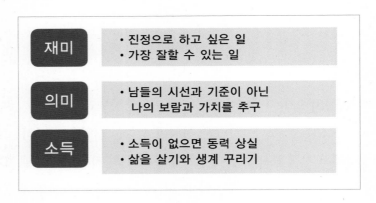

인생 전반전에서 돈과 명예를 위하여 일했다면 후반전에서는 일하는 재미를 위하여 일해 보세요. 나의 내면이 진정으로 원하면서 동시에 내가 잘할 수 있는 일을 재발견하여 매일매일 진지한 실천을 반복하면 어느덧 실력이 쌓이고 자신감이 붙는 경험을 할 수 있습니다. 저자도 지난 5년간 견딤과 기다림의 과정을 거치면서 이와 같은 현상을 체험했습니다.

"이런저런 길을 찾다 보면 문득 심장이 뜨거워지는 길 위에 서게 될 때가 있다. 내 마음을 흔드는 그 길 위에 서 보라. 그 길에 가슴 뛰는 미완성 교향곡이 기다리고 있다."

– 유영만

"천직은 영혼이 원하는 일이다. 우리는 물론 생계를 이어 가야 하고 가족을 부양해야 한다. 그러나 그 외에도 영적 성장을 꾀하라는 내면의 부름도 있다. 그 부름이 우리의 진정한 천직이다."

– 제임스 홀리스

"일하는 재미를 위해서 일해야 한다. 일의 근본은 돈, 명예가 아니라 일하는 재미에 있다. 그런데 우리는 일의 본질을 망각한다. 일하는 재미란 일을 하면서 무언가를 깨닫고 터득하는 재미이다. 재미가 있어야 이리저리 휩쓸리지 않고 뿌리를 내릴 수 있게 되며 그 분야의 진정한 전문가가 될 수 있다. 콧노래와 함께 일을 하면 돈이 저절로 들어온다."

– 해인사 조실 보광스님

저자의 체험

퇴직을 앞두고 있으면 막연하고 불안하니까 이런저런 자격증을 닥치는 대로 따려는 사람들이 있습니다. 저자도 그런 사람 중의 하나였습니다. 업무 관련성, 소요 비용, 진입 장벽의 문제를 고려하여 공인중개사, 가맹거래사, 증권투자상담사 등의 자격증들을 따 놓았습니다. "이 많은 자격증 중에서 하나라도 써먹을 수 있겠지?"라는 막연한 기대를 갖고 있었지만 결과적으로 모두 무용지물이 되고 말았습니다.

저자는 취득한 자격증들의 관련 분야에서 며칠씩 돌아가며 현장체험을 해 보았습니다. 그 결과 저자가 잘 해낼 수 있는 일이 아니라는 냉엄한 현실을 뒤늦게서야 깨닫게 되었습니다. 또한 저자는 고향에 작은 텃밭을 구입하여 귀촌생활을 꿈꾸기도 했는데 막상 퇴직 후에는 여건이 맞지 않아서 이것도 물거품이 되어 버렸습니다.

준비한 모든 것들이 무용지물이 되어 막막할 때 '100세 시대를 어떻게 살 것인가?'에 대한 김정운 교수의 특강을 들었습니다. "재미와 의미가 교차하는 지점에서 인생 2막의 새로운 일을 찾으라."라는 말에 정신이 번쩍 들었습니다.

저자는 자격증들을 미련 없이 던져 버리고 원점으로 돌아가서 나만의 천직을 찾기로 결정했습니다. 그 결과 내면에 간직하고 있던 오래된 꿈을 재발견했습니다. '스테디셀러 작가이자 좋은 강연가'라는 새로운 목표를 세우고 도전을 시작했습니다. 남들이 비웃을지도 모르지만 전혀 신경 쓰지 않습니다.

남들의 생활방식과 가치관, 이에 따른 평가나 시선을 의식하지 않고 내가 하고 싶은 일을 뜻대로 펼치니까 마음이 후련합니다. 퇴직 후 관심분야를 열심히 공부하면서 다양한 활동에도 적극적으로 참여했습니다. 최대한 절약모드로 살면서 곶감 빼 먹듯 학비와 생활비를 감당했으며 가족의 이해와 격려가 큰 힘이 되었습니다.

최근 5년간 읽은 책이 지난 30년 동안 읽었던 책보다 더 많은 것 같습니다. 필요한 자격증도 새로 취득했고 논문도 썼으며 책『은퇴전환기 마음길라잡이』도 출간하여 좋은 평가를 받았습니다. 1인 기업을 통하여 많은 사람들과 인생 후반전에 대한 지혜와 체험을 나누고 있습니다. 저자는 진정으로 원하는 일에 몰입하고 있다는 사실만으로도 만족스럽습니다. 또한 저자의 이야기를 기다리고 공감해 주는 사람들이 있다는 사실만으로도 가슴이 설렙니다.

저자는 60~70대의 나이에 새롭게 도전해 보고 싶은 일들이 있습니다. 3년에 한 권 정도로 책을 계속 출간하면서 SNS에 기고도 하고 유튜브도 만들어 널리 공유하고 싶습니다. 주민센터, 공공도서관 등을 대상으로 무료세미나도 활성화시키고 싶습니다. 또한 카페 꾸미기도 계속하면서 커뮤니티 및 홍보의 장으로 활용하고 관련 분야의 파트너들과 연대하여 사회봉사 활동에도 적극적으로 참여하고 싶습니다.

우리는 누구나 나만의 강점과 잠재력을 갖고 있으면서도 이에 가치를 부여할 줄 모릅니다. 내 인생을 다른 사람의 기준에 맞추거나 남들이 시키는 일에만 길들여져 있기 때문입니다. "인간은 다른 사람들처럼 되고자 하기 때문에 자기잠재력의 3/4을 상실한다."라는 말이 있습니다. 남들이 좋다고 하는 일을 무작정 따라가며 자격증을 쇼핑하는 습관부터 버려야 합니다. 이렇게 하면 돈만 낭비하고 결국 이러지도 저러지도 못하는 어정쩡한 상황에 놓이게 됩니다.

나만의 강점과 잠재력에 정당한 가치를 부여하고 이것을 천직으로 연결해 보세요. 인생 후반전에서 내가 진정으로 원하는 삶을 살겠다는 신념과 용기를 갖고 견딤과 기다림의 고통을 기꺼이 허용할 수 있다면 누구에게나 천직은 분명히 있습니다.

"순간적인 쾌락이 아닌 자신의 강점과 미덕을 발휘하여 얻은 긍정적인 감정이야말로 완전한 것이다. 인생 최대의 성공과 더없는 만족은 개인의 대표적인 강점을 연마하고 활용하는 것에서 비롯된다. 행복한 삶이란 참된 행복과 큰 만족을 얻기 위해 날마다 자신의 대표적인 강점을 활용하는 것이다."

– 마틴 셀리그먼

27^장 / 내게는 왜 천직이 없을까

조용한 절망

　　　　　모든 사람에게 천직이 있다는데 내게는 왜 없는 것일까? 천직이 없는 결정적인 이유는 신념과 용기가 부족하기 때문입니다. 내가 무엇을 원하는지도 모르고 있으며 설령 알고 있더라도 도전해 볼 엄두조차 내지 못하기 때문입니다. 따라서 직장에서 물러나 인생 후반전의 새 판 짜기를 시작한지 몇 년이 흘러가도 갈피를 잡지 못하고 오락가락합니다. 그러기를 반복하다가 어느 날 지인의 말에 솔깃해서 무언가를 전격적으로 추구해 보기도 하지만 이 또한 오래 못 가고 이내 조용한 절망 상태에 빠져들게 됩니다.

> "은퇴 후 50년을 위해서는 인생의 목적과 기대를 포함한 모든 패턴에 대하여 전혀 새로운 접근이 필요하다. 은퇴가 두려운 이유는 기존의 것을 포기하지 못하기 때문이고 용기가 없기 때문이며 의사결정을 못 하기 때문이다. 기회는 사라지고 줄어드는 것이 아니라 이동하고 늘어나는 것이다. 칸막이가 쳐진 경주마처럼 세상을 바라보기 때문에

기회는 사라지는 것으로 인식할 뿐이다."

– 미래학자 최윤식 교수

우리는 익숙한 방식으로만 살아가려는 강고한 타성이 있습니다. 따라서 인생 후반전에서도 전반전에 이미 써먹은 방식을 그대로 고수하려는 자동적 사고체계를 벗어나기 어렵습니다. 예를 들어 전반전에서 직장생활을 했다면 후반전에서도 재취업에만 매달리려는 경향이 있습니다. 백수상태가 길어질수록 눈높이를 낮추어 계속 도전하지만 실패하고 체념하게 됩니다.

직장생활만 했던 사람이 창업에 도전하는 것도 쉬운 일이 아니며 현실적인 위험들이 도처에 도사리고 있습니다. 부부간의 가치관 갈등, 지인들의 냉소와 비협조, 실패 위험의 상존, 언제 끝날지 모르는 기초 다지기 등이 이런 현실적인 위험들의 사례입니다. 따라서 자신이 선택한 새로운 삶으로 두려움없이 서두름없이 나아갈 수 있는 신념과 용기가 부족하다면 시간이 흐를수록 쪼그라들어서 결국 조용한 절망상태에 빠질 수밖에 없습니다.

저자는 퇴직한 후배와 상담한 적이 있습니다. 그는 목공예에 특별한 재능이 있어서 일반인을 교육할 수 있을 정도의 수준이므로 이를 활용한 소자본 창업을 원했습니다. 그러나 아내는 남편이 아무 곳에라도 재취업하기를 원했습니다. 소득절벽 상태에서 창업에 목돈이

들고 안정화되기까지 시간도 필요하며 실패 위험도 상존하기 때문입니다. 직장생활을 마치고 집으로 귀환하여 그동안 품고 있었던 오래된 꿈을 꺼내 들기도 하지만 부부간의 의견충돌을 겪으면서 단번에 조용히 눌러앉는 경우도 많습니다.

이솝 우화에 '여우와 포도'의 일화가 있습니다. 여우가 높은 나뭇가지에 매달린 포도송이를 따 먹으려고 몇 번 시도해 보지만 실패합니다. 그러자 여우는 "저 포도는 시어서 맛이 없을 거야."라고 자기 합리화를 하면서 결국 포기해 버린다는 이야기입니다. 저자는 인생 후반전을 살아가는 삶의 방식이 이 일화를 닮은 경우를 참으로 많이 보았습니다.

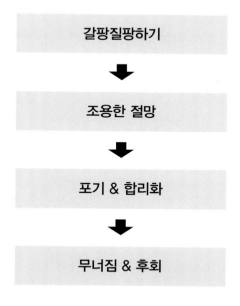

내가 진정으로 원하는 삶에 제대로 한번 도전도 못 해 본 채 조용한 절망상태에 이르러 포기하고 자기합리화를 하는 과정이 비슷합니다. "인생 뭐 있어? 꼭 그렇게까지 해야 돼? 건강 잃으면 무슨 소용이야~"라는 식으로 합리화 과정을 거치면서 늙고 병들어 무너짐의 단계에 이르게 됩니다. 이런 흐름으로 인생 후반전을 살아간다면 삶의 끝자락에서 어떤 후회를 남기게 될까요? 브로니웨어의 말처럼 "내가 원하는 삶을 살았더라면~"이라는 후회를 남길 것을 잘 알면서도 여전히 그 길을 뚜벅뚜벅 걸어가고 있는 것은 아닐까요?

'유망 직업'의 허상

　　　　요즘 거의 모든 금융기관들이 100세시대연구소를 만들고 '시니어 유망직업'이라는 것을 발표하고 있습니다. 나만의 천직을 발견하지 못하는 또 다른 결정적인 이유는 바로 이 '유망 직업'이라는 집단적인 허상에 들러붙기 때문입니다. 나의 내면이 무엇을 원하는지에 대하여는 관심조차 없고 오로지 남들이 좋다고 추천하는 소위 '시니어 유망 직업'을 불나방처럼 무조건 쫓아가는 사람들이 예상외로 많습니다.

금융기관 등에서 '시니어 유망 직업'을 발표하면 이를 뒷받침하는 그럴듯한 명칭의 민간자격증들이 우후죽순처럼 생깁니다. 사람들은 유망하다는 달콤한 말에 현혹되어 민간자격증을 비싼 돈을 들여서 무작정 쇼핑하기 일쑤입니다. 이런 것들은 준비하는 기간 동안에는 기대감을 높여 주지만 실제로 활용되는 경우는 거의 없습니다. 결국 자격증 업체들만 돈을 벌고 우리는 돈과 시간만 낭비하는 꼴입니다.

시니어 유망 직업이라는 단어를 인터넷 검색창에 입력해 보세요. 인터넷에 도배가 되어 있는 '시니어 유망 직업'이라는 것들이 과연 유망할까요? 인터넷을 보면 시니어 유망 직업 베스트라는 식의 제목을 달고 있는 것들이 많습니다. 이 중에 몇 개만 골라서 저자의 관점으로 분석해 보겠습니다.

먼저 유망 직업 1순위로 가장 많이 올라 있는 것이 재택간병인입니다. 저자는 사회복지사로서 재택간병 봉사활동을 경험한 적이 있습니다. 재택간병 업무는 튼튼한 체력과 투철한 사명감이 없이는 오래 지속하기 어려운 일입니다. 따라서 시니어 누구나가 감당할 수 있는 유망 직업은 아니라고 생각합니다. 최근에 요양보호사 자격증을 따려는 사람들이 많은데 이는 이 다음에 가족의 간병을 대비하기 위한 경우도 있습니다.

시니어 유망 직업 중에서 금융노년전문가도 있습니다. 시니어를 대상으로 한 틈새 금융업무를 담당하는 역할인 것 같습니다. 저자는 금융인으로서 약 28년을 근무한 경험이 있습니다. 우리나라의 인구 추이를 감안할 때 앞으로 금융기관에서 시니어를 대상으로 하는 업무는 틈새 업무가 아니라 핵심 업무의 하나가 될 것입니다. 금융기관들이 저마다 100세 시대를 대비하여 조직을 만들고 전문 인력을 충원하는 것도 그 때문입니다. 따라서 퇴직자가 금융노년전문가라는 민간자격증을 가지고 틈새 금융 업무를 할 수 있는 기회가 실제로 얼마나 주어질지 의문입니다.

시니어용품 머천다이저, 유니버설 인테리어 디자이너 같은 시니어 유망 직업들도 많이 소개되어 있습니다. 이들은 영어 단어를 몇 개씩 버무려 놓아서 외견상 그럴듯하게 보입니다. 그러나 이들 또한 위와 같은 이유로 실용 가능성에 강한 회의감이 듭니다.

인터넷에 있는 '시니어 유망직업'이란 것들은 누군가가 자신의 관점에서 써 놓은 것에 불과합니다. 시니어 업무를 담당하는 사람이 연령대별 인구분포의 변동과 같은 사회지표를 참고하여 책상에서 그려낸 상상도입니다. 시니어 유망 직업은 시니어 각자의 강점과 특성에 따라서 다르며 일반적으로 정해질 수 없는 것입니다. 누군가가 자기의 관점으로 상상해 놓은 것을 참고할 수는 있겠지만 이것이 마치 무슨 왕도라도 되는 양 따라갈 필요는 없습니다.

남들이 추천하는 업종 중에서 하나를 찍은 다음에 그것을 위한 스펙을 쌓는 방식으로 접근하지 말고 그 반대의 순서로 해 보세요. 나의 강점과 잠재력이 무엇인지에 대한 분석부터 선행하고 그 다음에 업종을 탐색해서 거기에 필요한 국가자격증을 따는 방식으로 접근해 보세요. 남들이 정해 놓은 기준을 따라가면 일에 대한 재미도 의미도 없게 될 것이며 실패 가능성만 높을 수밖에 없습니다.

28장 어떻게 천직을 찾을까

천직 찾기 프로세스

인생 후반전에서 '나만의 천직'을 찾을 수 있다면 얼마나 좋을까요? 인생 후반전을 시작하는 사람들에게 "당신은 무슨 일을 잘할 수 있습니까? 무슨 일을 진정으로 원합니까?"라고 물으면 열에 아홉 명은 꿀 먹은 벙어리입니다. 대답을 못 하는 것은 당연하고 이런 문제에 대하여 생각해 본 적도 없는 것 같습니다. 평생 남들이 시키는 일에만 익숙하기 때문에 내가 누구이며 무엇을 잘하며 무엇을 원하는지 알지 못합니다.

따라서 평생직장이라는 시간적·공간적 울타리의 상실이 무척 두렵게만 느껴집니다. 우리는 퇴직과 동시에 무한한 자유를 얻습니다. 내가 재미있게 잘할 수 있는 천직을 찾을 수만 있다면 내 뜻대로 한 번 살아 볼 수 있는 절호의 기회입니다. 미지를 향한 설렘은 없고 오로지 어떤 울타리 속으로 다시 들어갈 궁리만 한다면 인생 후반전은 꽁꽁 닫혀 갈 수 있습니다. 우리는 그동안 정말로 열심히 살아왔습니다. 이제 반 토막도 남지 않은 인생인데 지금까지와 다른 방식으로 한번 살아 봐야 하지 않겠습니까?

"당신의 재능과 세상의 필요가 교차하는 곳에 당신의 천직이 있다."
– 아리스토텔레스

아리스토텔레스가 2천 년 전에 남긴 이 말 속에 천직 찾기의 확실한 실마리가 있습니다. 천직을 찾는 현대적인 기법에는 여러 가지 모델들이 있습니다. 그런데 대부분은 아리스토텔레스의 통찰에 뿌리를 둔 것으로서 실제로 거의 비슷합니다. 천직 찾기에서 가장 중요한 키워드는 '당신의 재능'과 '세상의 필요'입니다. 다시 말하면 '나'에 대한 분석과 '세상'에 대한 분석이 일치하는 부분에서 천직을 발견할 수 있습니다. 여기서 '세상'이란 나에 대한 분석의 결과로 도출된 직업 적합군을 의미합니다.

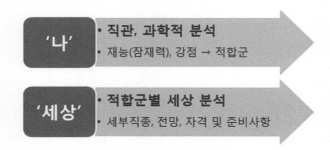

천직 찾기는 3단계 프로세스로 진행됩니다. 가장 먼저 해야 할 일

은 나와 세상을 분석하는 것입니다. 이 과정을 거치면 내게 맞는 적합군이 과연 무엇인지를 객관적으로 확인할 수 있게 됩니다. 큰 틀에서 범주가 정해지는 것인데 이렇게 대략적인 범주를 정한 후에 세부직종을 확정하여 실행단계로 넘어가면 됩니다. 사람들은 남들이 추천하는 유망직종을 무작정 쫓아서 곧바로 실행단계로 넘어가는 경우가 일반적입니다. 이렇게 하지 말고 나와 세상에 대한 객관적인 분석을 반드시 선행해야 한다는 점이 중요합니다.

나 & 세상 분석

자신의 강점과 잠재력을 객관적으로 파악해야만 이에 맞는 천직을 찾을 수 있게 됩니다. 자신의 강점과 잠재력을 직관으로 알기 어렵다면 현대적·과학적인 분석기법을 활용하는 것이 좋습니다. 고용노동부의 직업정보 서비스망인 워크넷WORKNET을 통하여 얼마든지 혼자서 무료로 분석할 수 있습니다.

워크넷www.work.go.kr에서 직업심리검사→심리검사목록→성인대상심리검사를 차례로 누르면 총 12가지의 직업심리검사를 진행할

수 있습니다. 검사는 온라인과 지필 방식으로 가능하며 온라인검사
는 결과표를 즉시 확인할 수 있어서 편리합니다. 결과표에는 요인별
분석표, 추천직업과 희망직업 비교표 등이 상세히 적혀 있으며 전문
가와의 무료 개별상담 신청도 가능합니다. 지필검사는 가까운 고용
노동부 고용센터에서 무료로 실시합니다. 각 심리검사의 유형 및 소
요시간 등은 다음과 같습니다.

검사 유형	검사 시간	실시 가능	검사안내	결과예시	검사실시
성인용 직업적성검사	90분	인터넷, 지필	안내보기	예시보기	✓검사실시
직업선호도검사 S형	25분	인터넷, 지필	안내보기	예시보기	✓검사실시
직업선호도검사 L형	60분	인터넷, 지필	안내보기	예시보기	✓검사실시
구직준비도검사	20분	인터넷, 지필	안내보기	예시보기	✓검사실시
창업적성검사	20분	인터넷, 지필	안내보기	예시보기	✓검사실시
직업전환검사	20분	인터넷, 지필	안내보기	예시보기	✓검사실시
직업가치관검사	20분	인터넷, 지필	안내보기	예시보기	✓검사실시
영업직무 기본역량검사	50분	인터넷, 지필	안내보기	예시보기	✓검사실시
IT직무 기본역량검사	95분	인터넷, 지필	안내보기	예시보기	✓검사실시
준고령자 직업선호도검사	20분	인터넷	안내보기	예시보기	✓검사실시
이주민 취업준비도검사	60분	인터넷	안내보기	예시보기	✓검사실시
중장년 직업역량검사	25분	인터넷	안내보기	예시보기	✓검사실시

위의 검사를 1~2개만 하지 말고 모두 다 하는 것이 좋습니다. 한 가지 검사를 마치는 데 짧게는 20분에서 길게는 95분에 불과하므로 2~3일이면 모든 검사를 마칠 수 있습니다. MBC 뉴스데스크에 따르면 워크넷 직업심리검사를 받는 시니어들이 최근에 급증하고 있다고 합니다. 인생 후반전을 시작하면서 자신을 존중Respect하는 것, 즉 자신을 원점에서 다시Re 바라보는 것Spect은 매우 바람직하고 필수적인 일이라고 생각합니다.

이 밖에도 다른 검사를 원하면 MBTI를 해 보세요. MBTIMyers-Briggs Type Indicator는 마이어스Myers와 브릭스Briggs가 융C.G.Jung의 심리이론을 토대로 만든 자기보고식 성격유형검사 도구로서 학교, 직장, 군대 등에서 널리 사용되고 있습니다.

간단하면서도 재미있는 분석도구로 에니어그램Enneagram이라는 것도 있습니다. 에니어그램은 9를 뜻하는 ennear와 도형을 뜻하는 grammos의 합성어로 인간의 성격유형을 9가지 그룹으로 단순화하여 설명합니다. 이 방법은 고대로부터 현대에 이르기까지 널리 사용되고 있으며 한국형 에니어그램KEPTI도 개발되어 있습니다. 책을 읽으면 혼자서 할 수 있을 정도로 쉽습니다. 저자는 에니어그램을 통하여 저자에게 딱 맞는 유용한 정보를 얻은 경험이 있습니다.

자기분석을 통하여 재능과 잠재력을 확인했다면 이어서 세상에 대한 분석이 필요합니다. 이는 자기분석을 통하여 도출된 직업 적합군에 대한 전망, 세부 직종, 사전 준비사항 등을 체계적으로 분석하는 것입니다. 이 또한 직업정보망인 워크넷을 활용하는 것만으로도 충분합니다. 워크넷 사이트에서 '직업정보' 키를 누르고 한국직업정보시스템으로 이동하면 됩니다.

한국직업정보시스템에서는 세상의 모든 직업을 다양한 방법으로 검색할 수 있습니다. 키워드로도 검색할 수 있고 조건별(예: 평균연봉, 직업전망)로도 검색할 수 있습니다. 또한 분류별, 지식별, 업무수행 능력별, 통합별(지식, 능력, 흥미) 방식으로도 찾을 수 있도록 매우 체계적으로 구성되어 있습니다. 검색 작업을 거쳐서 직업을 특정하게 되면 향후 전망, 업무내용, 자격 요건, 평균 임금, 업무 환경 등을 추가로 분석할 수 있습니다.

한국직업정보시스템을 통하여 '세상(적합군)의 필요'에 대해 분석했다면 이에 대한 보완책으로 현장 체험과 책 읽기를 병행할 필요가 있습니다. 예를 들어 사회복지분야가 적합군으로 나왔다면 사회복지사, 청소년상담사, 직업상담사, 사회단체활동가, 전직지원전문가, 보육교사 등의 세부직종에 대한 봉사활동을 직접 체험해 볼 필요가 있습니다. 남들로부터 전해 들은 내용과 현장의 실제 상황은 사람마다 편차가 크기 때문입니다.

또한 관심 분야의 책도 참고해야 하는데 네이버 책book.naver.com 사이트에서 관심 분야의 세부 키워드(예: 은퇴, 귀농귀촌, 청소년상담, 보육교사 등)를 입력하면 모든 책을 인기도순·판매량순 등으로 하나하나 검색할 수 있습니다. 좋은 책을 선정하는 방법은 목차와 개요를 먼저 자세히 읽고 1차 대상을 정한 후에 이 중에서 체험을 바탕으로 쓴 책을 최종적으로 선정하는 것이 효율적입니다. 거창한 제목이나 저자의 지명도에 너무 연연할 필요는 없다고 생각합니다.

29^장 재무적 노후준비의 기초

노후준비의 가장 큰 관심사는 역시 돈입니다. 재무적 노후준비가 현저히 부족한 상태라면 천직을 찾을 마음의 여유도 없겠지요. 따라서 "당장 먹고 살기도 바쁜데 무슨 천직 타령이냐?"라고 반문할 수도 있습니다. 그런데 대부분의 사람들이 정년퇴직 후에 그렇게 실제로 먹고 살기에도 빠듯한 상황일까요? 이 책은 앞의 질문에 대하여 NO 라고 대답할 수 있는 사람들을 위하여 쓰여졌습니다.

국민연금공단의 은퇴준비지수에 따르면, 한국인의 재무적 노후준비는 비교적 양호한 편이고 정신적 노후준비는 위험 수준인 것으로 나타났습니다. 우리는 먹고 살기 바쁘다는 말을 습관적으로 하는 경향이 있습니다. 지금까지 벌어 놓은 돈은 손을 안 대고 새로 버는 돈으로 노후를 살겠다는 욕심이 깔려 있기 때문입니다. 가장 경제적인 삶은 부채 없이 장례비 정도만 남기고 죽는 것이라는 말도 있습니다. 인생 후반전에서 내가 원하는 삶으로 당당히 나아가기 위해서는 재무적 노후준비부터 필요합니다. 재무적 노후준비를 위하여 꼭 필요한 일은 자산관리에 대한 사고방식을 바꾸고 4층 연금 제도를 적극적으로 활용하는 것입니다.

셀프부양과 자산관리

통계청의 2018년도 사회조사통계에 의하면, 부모 부양에 대한 인식 변화를 확인할 수 있습니다. 2008년에 가족의 부모 부양에 대한 인식이 40.7%였는데, 10년이 지난 2018년에는 26.7%로 급락했습니다. 베이비붐세대가 70대로 진입하는 2025년이 되면 열에 한 명 정도나 부모 부양에 신경을 쓸 것입니다. 그야말로 셀프부양 시대가 확실히 도래한 것입니다.

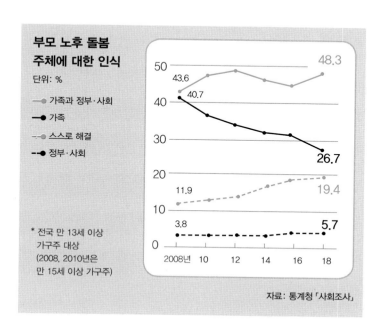

**부모 노후 돌봄
주체에 대한 인식**

단위: %

- 가족과 정부·사회
- 가족
- 스스로 해결
- 정부·사회

48.3
43.6
40.7
26.7
11.9
19.4
3.8
5.7
2008년 10 12 14 16 18

* 전국 만 13세 이상
가구주 대상
(2008, 2010년은
만 15세 이상 가구주)

자료: 통계청 「사회조사」

그런데도 우리는 이러한 사회변화 현상에 여전히 둔감합니다. 2017년 한국주택금융공사 자료에 따르면, 60세 이상의 약 80%가 주택을 노후자금으로 쓰지 않고 자식에게 물려줄 계획이라고 합니다. 100세 셀프부양 시대가 도래했음에도 불구하고 상속에 대한 사고방식은 옛날 그대로입니다. 총자산의 약 80%에 해당되는 주택을 노후자금으로 활용할 계획이 없는 것입니다. 노후자금이 적정 생활비에 한참 못 미치는데도 불구하고 자산을 대물림하려는 관습을 버리지 못하고 있습니다. 심지어 나중에 노령연금을 몇 만 원 더 타려고 소유주 명의를 자식에게 가짜로 이전하는 사람까지 있는데 단언컨대 몇 년만 흐르면 큰 골칫거리가 되고 말 것입니다. 이런 식으로 행동하면서 노후자금이 없다는 걱정을 입에 달고 사는 것은 비상식적인 일입니다.

100세 시대 인생 후반전에는 자산관리에 대한 고정관념부터 확 바꾸어야 합니다. 통계청 발표에 따르면, 우리나라 50~60대의 실물자산 보유비중은 90%가 넘으며 이 중의 90%는 부동산입니다. 따라서 전체 자산의 약 80% 이상이 부동산입니다. 세계에서 이런 극단적인 자산 구조를 가진 나라는 우리나라와 스페인뿐입니다. 스페인은 2008년 세계 금융위기 이후 부동산 가격의 폭락으로 인하여 노년 세대가 현재까지 심한 고통을 겪고 있습니다.

과거의 경제성장기에는 부동산이 투자, 성취, 안정, 상속을 아우르는 다목적댐과도 같은 존재였습니다. 그러나 앞으로는 우리도 스페인의 사례를 교훈으로 새겨야 합니다. 베이비붐세대의 특징은 100세 시대를 경험하는 첫 번째 세대, 현금 없이 은퇴하는 첫 번째 세대, 셀프부양을 해야 하는 첫 번째 세대입니다. 따라서 부동산의 현금화 유동성을 높여서 노후준비에 적극 활용하고 그래도 남는 것이 있다면 자식에게 물려주는 방식으로 인식을 바꾸어야 합니다.

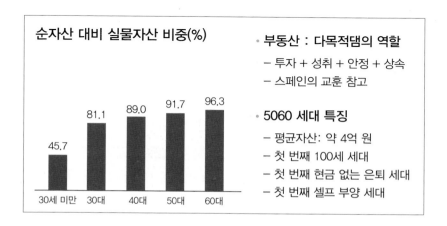

순자산 대비 실물자산 비중(%)

45.7 — 30세 미만
81.1 — 30대
89.0 — 40대
91.7 — 50대
96.3 — 60대

• 부동산 : 다목적댐의 역할
  – 투자 + 성취 + 안정 + 상속
  – 스페인의 교훈 참고

• 5060 세대 특징
  – 평균자산: 약 4억 원
  – 첫 번째 100세 세대
  – 첫 번째 현금 없는 은퇴 세대
  – 첫 번째 셀프 부양 세대

'나만의 천직' 찾기

재무적 노후준비를 위한 근본적인 수단은 연금입니다. 우리나라의 연금 제도는 4층 구조로 설계되어 있습니다. 첫째는 공적연금인 국민연금(또는 공무원연금 · 사학연금 · 군인연금 등의 직역연금)이고 둘째는 기업이 보장하는 퇴직연금입니다. 이 두 가지만으로 부족하기 때문에 한 살이라도 젊었을 때 개인연금과 실손의료보험에 가입해 두어야 합니다. 공적연금과 개인연금을 모두 동원하더라도 재무적 노후준비가 부족한 상황이라면 주택연금이나 농지연금을 적극적으로 활용해야 합니다.

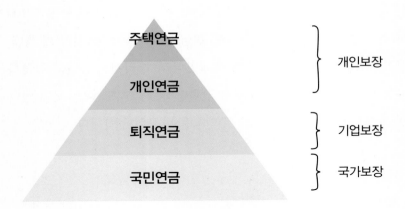

국민연금 가입자들의 평균 퇴직연령은 만 52세로서 퇴직 시점부터 연금 수령 시까지 소득절벽이 발생합니다. 따라서 이 기간의 소득 감소액을 개인연금을 통하여 커버할 수 있도록 설계해야 합니다. 국민연금의 수령 시기는 연령대별로 다르며 65세까지 임의계속가입을 할 수 있습니다.

퇴직 후 보험료 납부를 유예하고 나중에 납부하는 것이 추납입니다. 추납액은 신청한 달의 보험료에 유예기간을 곱하여 산정되는데 본인부담분(사용자분 제외)만 적용됩니다. 2016년부터 구직활동기간 중에 본인부담액의 1/4만 부담하면 크레딧을 신청할 수 있으므로 이를 활용해야 합니다. 연금액은 가입기간에 연동(가입기간 1년마다 기본연금액 5%씩 증가)되어 증가합니다.

국민연금의 장점을 요약하면 첫째는 다른 금융상품에 비하여 수익비가 월등하다는 것, 둘째는 물가상승률이 반영되기 때문에 실질가치가 보존된다는 것, 셋째는 장수위험과 사망위험을 동시에 커버할 수 있는 유일한 상품이라는 것입니다. 따라서 국민연금 가입기간을 최대한 늘리는 것이 효율적입니다.

◆ 국민연금 가입기간 늘리기 ◆

① 일찍 가입하기
: 가입기간에 연계

② 임의 가입
: 가정주부, 학생 등

③ 임의 계속 가입
: 60세 ~ 65세

④ 유예신청 안 하기
: 유예기간 신청 제외

⑤ 반납제도
: 1999년 이전 반환일시금 수령자

⑥ 추납제도
: 1년당 기본연금액 5%씩 증액

⑦ 미납 보험료 납부

⑧ 크레딧 제도 활용
: 출산 및 군 복무 크레딧 (2008년 이후)
: 실업 크레딧

'나만의 천직' 찾기

주택연금(역모기지론)은 내 집을 담보로 맡기고 내 집에 살면서 한국주택금융공사가 보증하는 연금을 평생 또는 일정기간 동안 지급받는 제도입니다. 금융위원회가 2019년 3월에 발표한 자료에 따르면, 가입 연령은 60세 미만으로 주택가격은 공시가 기준 9억 원 이하로 완화됩니다. 또한 자녀의 동의 없이도 배우자에게 자동으로 승계될 수 있게 됩니다. 연금 지급방식은 정액형과 전후후박형 등이 있는데 신청자의 약 70%가 정액형을 선호합니다.

예를 들어 3.3억 원짜리 주택을 65세에 가입하면 죽을 때까지 월 평균 100만 원 정도의 연금을 받을 수 있습니다. 한국주택금융공사와 협의를 거쳐서 가입 주택을 매도할 수도 있고 전월세도 가능합니다. 사망으로 계약이 종료하여 주택을 매도 정산하는 경우에 초과분은 되돌려 받을 수 있지만 부족분은 되돌려 주지 않아도 됩니다. 따라서 주택가격의 급락 위험을 헤지hedge하는 효과도 있습니다.

베이비붐세대는 노부모를 부양하는 마지막 세대라고 합니다. 이와 관련하여 상속에 대한 고정관념부터 바꾸어야 합니다. 주택이나 농지를 끝까지 움켜쥐고 있다가 물려주면 상속 시점에서 자식도 70대 나이가 될 것입니다. 늙은 부모가 늙은 자식에게 자산을 물려주는 노노老老 상속이 서로의 행복에 무슨 도움이 되겠습니까? 주택연금(또는 농지연금)을 활용함으로써 부모와 자식이 서로의 현재를 행복하게 사는 것이 현명한 일입니다.

미래에셋은퇴연구소가 50~60대 2,001명을 대상으로 조사한 바에 따르면, 이들의 약 35%는 더블케어Double Care 상황에 있습니다. 더블케어는 50~60대가 노부모와 30세 이상의 성인자녀를 동시에 부양하는 상황을 말합니다. 여기에 손주까지 보살피는 트리플 케어Triple Care족도 늘어나는 추세라고 합니다. 이러한 현상은 환갑을 전후한 나이에 직장에서 물러나 소득절벽 상태에 있는 베이비부머들에게 큰 부담이 될 수 밖에 없습니다.

청년실업률이 2017년 말에 10%를 넘었고 자식이 독립을 원하지 않는 캥거루족도 증가 추세입니다. 따라서 50~60대의 53.2%가 성인자녀에게 경제적 지원을 하는데 총지원액은 평균 1.3억 원이며 생활비 증가율은 약 20%로 나타났습니다. 자식을 늦은 나이까지 부양할 위험에 대한 적극적인 대책이 필요합니다. 성인이 된 자식이 부모의 지원에 의지하는 것을 당연시하거나 눈높이가 맞지 않는다고 취업을 기피하는 경우도 있습니다. 따라서 성인자녀에 대한 경제적 지원액의 상한선을 정하고 성인자녀가 생활비 일부라도 부담할 수 있도록 조치할 필요가 있습니다.

어느 60대 지인께서 저자에게 안전하고 수익성 높은 투자 상품을 소개해 달라고 부탁했습니다. 저자가 금융기관 출신이니까 믿음이 갔던 모양입니다. 저자는 "몸 건강하고 금융사기를 당하지 않는 것이 최고의 투자 상품입니다."라고 조언했습니다. 50~70대에 금융사기를 당하는 사람이 예상외로 많습니다. 금융사기는 창업실패보다도 더 결정적인 손해를 입히기 때문에 한 번이라도 걸리면 인생이 단번에 경착륙합니다.

　가장 조심해야 할 금융사기는 폰지입니다. 폰지는 신규 투자자의 돈으로 기존 투자자에게 배당금을 돌려 막는 다단계 금융사기입니다. 미국의 찰스 폰지Charles Ponzi라는 사람이 최초로 벌인 사기에서 명칭과 수법이 유래됐습니다. 골동품, 특수채권, 자원개발, 줄기세포, 기후산업 등에 대한 그럴듯한 내용을 제시해서 국내외 기관투자자나 금융기관까지도 속아 넘어갈 정도입니다.

　금융시장 용어에 "No free lunch(공짜 점심은 없다)"라는 격언이 있습니다. 위험 없고 수익성 높은 투자 상품은 존재하지 않습니다. 아무리 친하고 믿을 만한 사람이라도 그런 제안을 하면 절대로 넘어가지 마세요. 그러한 투자 상품이 실제로 존재할 수 있다면 제도권 금융시장은 현실적으로 존재할 수 없습니다.

　스미싱은 휴대폰에 익숙하지 않은 고령자들이 주로 당하는 신종 사기입니다. 스미싱은 SMS와 피싱Phishing의 합성어로 문자메시지를 이용한 휴대폰 해킹사기입니다. 휴대폰에 웹사이트 링크를 포함하는 문자메시지를 보내서 트로이 목마를 주입하고 개인정보를 빼내서 결제를 실행하는 수법입니다. 어떤 유명 연예인도 이 사기로 돈을 떼였다고 고백한 바 있습니다. 그렇지 않아도 부족한 노후자금인데 금융사기에 걸리지 않도록 조심해야겠습니다.

30^장 시니어 직업군 유형

한국고용정보원은 시니어들에게 적합한 직업의 유형을 세 가지(틈새도전형, 사회공헌·취미형, 미래준비형)로 분류하고 이에 해당되는 총 30개(별표1 참조)의 직업 사례를 소개했습니다. 저자는 이 분류 방식이 저자의 체험 및 지인들의 사례와 잘 부합된다고 생각합니다. 또한 정부(고용노동부)는 신중년(50~69세)에게 적합한 직무(별표2 참조)의 종류를 매년 발표하고 이에 대하여 소정의 고용 장려금을 지원하는 정책을 시행중입니다. 이런 직업 유형을 나만의 천직과 비교해 보면 좋은 참고가 될 수 있을 것입니다.

유형별	특 징	
틈새 도전형	– 전문성과 경력을 재활용 – 틈새시장 취업 또는 창업	
사회공헌 · 취미형	– 취미를 살릴 수 있는 일 – 사회에 공헌할 수 있는 일	
미래 준비형	– 중단기 교육훈련을 통해 활성화가 기대되는 일 준비	

'나만의 천직' 찾기

틈새도전형

틈새도전형은 퇴직자들의 가장 큰 장점인 직장생활 경력과 풍부한 인생 경험 그리고 이를 통하여 구축된 인적·물적 네트워크를 활용하여 도전할 수 있는 직업유형입니다. 특정 분야의 전문지식이나 경력이 매우 중요하기 때문에 진입장벽이 높을 수도 있겠지만 중단기에 걸친 교육과정을 통하여 필요한 지식을 보완하면 재취업이나 창업이 가능합니다.

사회공헌 · 취미형

사회공헌 · 취미형은 그동안 쌓은 지식과 경험을 활용하여 사회에 기여하거나 취미 삼아서 일할 수 있는 직업유형입니다. 직장 생활, 내 집 마련, 자녀 교육, 부모 봉양 등의 이유로 앞만 보고 달려오느라 그동안 놓쳤던 다른 의미의 직업을 원하는 사람들이 선호하는 유형입니다. 젊은 세대나 내가 사는 마을과 이웃을 위한 일, 자연과 벗할 수 있는 일 등 여생을 의미 있게 보내는 데 도움이 될 만한 일입니다.

실제로 가장 많은 시니어들이 이 유형을 선택하고 있습니다. 지방자치단체나 일반 사회단체 등에서 시간제나 프리랜서 등으로 일하는 경우도 많습니다. 저자는 자신의 취미를 직업과 연결하는 것이 가장 좋은 접근 방법이라고 생각합니다.

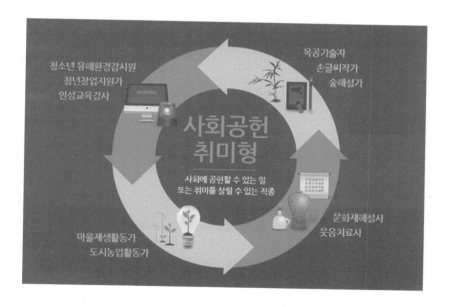

'나만의 천직' 찾기

미래준비형

　　미래준비형은 앞으로 활성화가 기대되는 새로운 직업으로 현재 교육 과정을 준비 중이거나 관련 자격증을 새로 만들고 있는 것입니다. 이들 직업은 아직 국내에 정착되지는 않았지만 미래 일자리 수요가 있는 직업들로서 법·제도의 정비 등 활성화 방안을 통하여 일자리 창출이 가능한 것입니다. 미래준비형 직업은 아직까지 노동시장에 정착하기에는 준비과정 및 일자리 확보 등이 부족하기 때문에 이 점을 감안하여 도전하는 것이 바람직합니다.

[별표 1 : 세 가지 유형별 직업 사례]

유형		직업명	직무 개요
틈새 도전형	1	협동조합운영자	특정 목적에 따라 협동조합을 설립하고 운영·관리
	2	오픈마켓판매자	오픈마켓의 운영, 마케팅, 고객관리 등의 업무 관리
	3	기술경영컨설턴트	기업경영 중 기술 부문에 특화된 문제점 진단 및 전략 수립, 컨설팅
	4	투자심사역	창업 및 벤처기업 등을 대상으로 투자에 대한 심사 진행
	5	창업보육매니저	창업종목 선정부터 개설까지 각 단계의 업무를 총괄 관리
	6	귀농귀촌플래너	귀농·귀촌 희망자를 대상으로 이에 필요한 준비사항 및 방법 안내
	7	스마트팜운영자 (스마트파머)	스마트기기로 스마트팜 기술이 적용된 농장을 운영하며 작물 재배
	8	흙집건축가	흙집을 설계하고 건축하는 등 흙집이 만들어지는 과정에 참여
	9	도시민박운영자	관광객 대상의 민박사업을 기획하거나 직접 민박 운영
	10	공정무역기업가	공정한 무역으로 제품을 판매하는 기업 운영
	11	1인 출판기획자	1인 창업의 형태로 출판물을 기획하고 출판
	12	유품정리인	가족의 돌봄 없이 사망한 사람들의 유품, 재산 등을 정리 및 처리

	13	청소년 유해환경 감시원	정책적 모니터링 차원에서 청소년의 유해 환경을 감시 모니터링
	14	청년 창업지원가	경력 및 전문성을 활용해 재능기부 차원에서 청년 창업 지원
	15	인성교육강사	학교폭력 예방, 또래관계 개선, 스마트폰의 올바른 사용 교육 등 청소년의 인성을 강화하는 교육 실시
	16	마을재생활동가	쇠퇴, 낙후된 지역의 경제적, 사회적 재활성화와 물리적 정비를 통합하여 마을 재생사업 수행
사회공헌·취미형	17	도시농업활동가	도시농업에 적합한 농법을 개발하고 보급함으로써 도시민들이 어려움 없이 텃밭이나 주말농장을 할 수 있도록 유도
	18	목공기술자	목공기술을 활용해 가구, 창호시설, 목조주택 등 제작
	19	손글씨작가	붓을 이용하여 헤드라인, 타이틀, 로고 등의 글씨를 써서 작품화
	20	숲해설가	동식물 및 곤충 등의 생태환경 및 생활 등을 현장 방문객에게 해설
	21	문화재해설사	우리 문화에 대한 이해를 바탕으로 관광객에게 문화재 해설
	22	웃음치료사	웃음을 유도하여 몸과 마음이 건강해지도록 하는 활동지도

미래 준비형	23	생활코치(라이프코치)	개인의 목표를 스스로 성취할 수 있도록 자신감과 의욕을 고취시키고 잠재력을 발휘하도록 코치
	24	노년플래너	노인의 건강, 일, 경제관리, 정서관리, 죽음 관리 등의 상담 및 조언
	25	전직지원전문가	퇴직 후 이·전직이나 창업을 희망하는 사람에게 제2의 직업을 추천하고 이에 대한 상담 및 컨설팅
	26	이혼상담사	이혼을 고려하는 사람들을 대상으로 심리 상담과 법적 절차, 이혼 후의 재무, 라이프 플랜 등 상담
	27	산림치유지도사	산림, 휴양림 이용자를 위한 산림치유 프로그램을 개발·보급
	28	기업재난관리자	기업 차원에서 각종 재난 발생 시 기업 활동을 연속적 유지하고, 2차 피해 방지를 위한 계획 수립
	29	주택임대관리사	집주인의 의뢰를 받아 임대 주택의 각종 문제 등을 처리하고 관리
	30	3D프린팅운영전문가	3D프린터의 조립, 유지보수 및 이를 활용한 제품을 제작하고 판매

'나만의 천직' 찾기

[별표 2 : 2018년도 신중년 적합 직무 개요]

유형		직업명	직무 개요
경영/ 사무/ 금융/ 보험직	0221	경영 · 진단 전문가	경영 개선점을 제안하고 계획하며 경영방법이나 조직의 기능을 분석하는 것과 같은 서비스와 자문 업무 수행
	0241	광고 · 홍보전문가	광고(홍보)의 필요성 분석, 효과적인 광고(홍보)전략, 적합한 광고(홍보물) 제작을 기획 제안, 실행계획 수립
	0261	기획 · 마케팅 사무원	제품의 판매촉진을 위한 마케팅 전략 수립 및 광고 및 홍보 계획을 수립
	0281	무역 사무원	재료나 상품의 통관 및 수출입 거래 등에 관한 업무
	0284	생산 · 품질 사무원	창업종목 선정부터 개설까지 각 단계의 업무를 총괄, 관리제조업체의 생산계획 수립, 전반적 생산 활동 관리, 제품의 품질 관리 업무(열처리제품 생산관리원 등)
	0282	운송 사무원	차량, 열차, 선박, 항공기의 운행에 관련된 배차간격과 운행시간을 조정하는 업무
	0222 0262	인사·노무 전문가/ 인사·교육·훈련 사무원	인사노무와 직무능률향상을 위한 교육, 훈련 업무, 인적자원 및 노사관계 프로그램 및 절차 개발 · 실행 · 평가
	0283	자재 · 구매 · 물류 사무원	구매 업무와 제품생산에 필요한 각종 자재를 구입하고 적정 재고를 유지하는 자재 업무 수행
	0242 0293	조사 전문가 / 통계사무원	각종 조사, 연구 등을 실시하고 그에 대한 결과를 분석하여 현상 파악과 장래 추세를 분석하는 업무 수행
	0271 0272	회계 사무원 /경리 사무원	거래사항을 기록 · 정리, 원가계산을 통하여 제조원가 산출, 대차대조표, 손익계산서 등의 재무제표를 작성
	신직업	지속가능경영 전문가	기업의 지속가능성을 추구하기 위한 사업을 기획· 개발· 운영하는 업무 수행

유형		직업명	직무 개요
연구직 및 공학 기술직	1551	가스 · 에너지공학 기술자 및 연구원	채광, 석유, 가스의 채취 및 추출과 합금, 도기 및 기타 재료의 개발에 설계, 개발, 유지에 대하여 연구하고 자문
	1402	건축공학 기술자	상업용, 공공시설 및 주거용 빌딩의 건설 및 수리를 위한 구조, 감리, 시공, 설비 안전, 건축에너지 등의 기술 업무
	1511	기계공학 기술자 및 연구원	난방, 환기, 공기정화, 발전, 기계 시스템의 연구, 설계, 개발. 기계시스템의 평가, 설치, 운영, 유지관리
	1342	네트워크시스템 개발자	네트워크를 개발, 기획하고 설계 및 시험 등의 업무
	1584	산업안전원 및 위험 관리원	산업재해 원인조사, 재발방지, 대책수립, 근로자의 안전·보건 교육 및 계도, 개선, 건의 등의 업무
	1332	응용소프트웨어 개발자	응용 프로그램(애플리케이션)을 개발하고 컴퓨터시스템의 사용 환경에 따라 소프트웨어의 환경을 변경하는 업무
	1343	정보시스템 운영자	시스템 사용자들에게 기술적 지원 및 훈련, 사용자들의 컴퓨터 시스템 문제를 조사하고 해결하는 업무
	1320	컴퓨터시스템 전문가	입출력자료의 형식, 처리절차와 논리, 자료 접근방법 등 컴퓨터시스템의 전반 요소들을 결정 및 설계하고 분석
	1403	토목공학 기술자	도로, 공항, 철도, 고속도로, 교량, 댐, 건축물, 항구 등 구조물의 건설 사업을 계획, 설계, 관리

'나만의 천직' 찾기

1541	화학공학 기술자 및 연구원	화학공정 및 장비를 연구, 설계, 개발하며 산업화학, 플라스틱, 제약, 자원, 펄프 및 식품가공 플랜트의 유지 관리 감독
1553	환경공학 기술자 및 연구원	환경보건에 위협이 되는 것을 예방, 통제하며 개선과 관련된 공학적 일을 설계/계획하거나 수행
1531	전기공학 기술자 및 연구원	전기 장비부품 또는 상업, 산업, 군사, 과학용 전기시스템을 설계, 개발, 시험하거나 제조 및 설비·설치를 감독
1404, 9015	조경기술자/ 조경원	조경 설계를 계획하고 상업용 프로젝트, 오피스단지, 공원, 골프코스 및 주택지 개발을 위한 조경건설을 검토. 가로, 공원 등에 꽃·나무를 심고 가꾸는 일 수행
신직업	빅데이터전문가	빅데이터 수집 및 확보, 처리, 분석, 활용 등의 일련의 과정 수행
신직업	3D프린팅 전문가	3D프린터를 조작·운영하여 고객의 요구에 따라 미니어처, 액세서리, 일상용품, 개인 용품, 기계부품, 시제품 등을 출력

유형		직업명	직무 개요
교육/ 법률/ 사회복지/ 경찰/ 소방직 및 군인	2311	사회복지사	내담자의 내면 탐색 및 문제 진단을 하고, 심리검사, 상담프로그램으로 예방교육, 발달 지도 및 치유 활동
	2312, 2313	상담전문가/ 청소년 지도사	내담자의 심층적 내면을 탐색 및 문제 진단을 하고 발달 지도 및 치유활동 수행 청소년수련활동을 전담하여 청소년의 신체단련, 정서함양, 자연체험, 예절수양 등을 지도
	신직업	진로체험코디네이터	초·중·고생이 관심을 보이는 직업을 보유한 사업장을 체험할 수 있도록 기회를 발굴하고 프로그램을 기획
	신직업	전직지원전문가	퇴직 후 이·전직이나 창업을 희망하는 사람에게 제2의 직업을 추천하고 이에 대한 상담과 컨설팅을 제공
	신직업	노년플래너(시니어 플래너, 웰다잉강사)	노후를 아름답고 건강하게 보낼 수 있도록 건강, 일, 경제관리, 정서관리, 죽음관리, 자살예방 등의 업무를 조력하고 고객 상태에 적합한 노후생활을 유지할 수 있도록 상담
	신직업	산림교육전문가	수목원, 휴양림 등 관광·탐방객들에게 자연생태를 해설해 주는 업무 수행
	신직업	산업카운슬러 (감정노동상담사)	직장인들의 심리적 갈등과 고충 및 이에 따른 스트레스를 산업카운슬링을 통하여 해결할 수 있도록 지원하는 업무

유형	직업명		직무 개요
예술/ 디자인/ 방송/ 스포츠직	4152	패션 디자이너	양복, 양장, 한복, 남성복, 여성복, 아동복, 캐주얼, 유니폼, 평상복, 정장 등 각종 의류 및 액세서리·가방 및 신발의 새로운 디자인을 기획·창안하고 샘플을 제작하는 업무
미용/여행 숙박/ 음식/ 경비/ 청소직	5501	요양보호사 및 간병인	환자, 장애인, 노인 등 취약계층을 위해 병원동행, 보행훈련, 헬스케어 등 돌봄 서비스 지원
영업/ 판매/ 운전/ 운송직	6121	기술 영업원	산업용장비, 정보통신장비, 그 외의 부품이나 제품, 설비의 사용법이나 보수 등 전문적 지식을 활용하여 기계나 장비, 설비 등을 판매하고 고객에게 기술적인 지도를 수행
	6124	제품·광고 영업원	도매 및 제조업체 등에 고용되어 제품과 서비스를 판매
	6122	해외 영업원	해외 바이어에게 상품을 판매하는 데 필요한 영업활동과 해외 판매자에게 상품을 수입하기 위한 영업활동을 수행
건설/ 채굴직	7011~ 7019	건설구조기능원	건물 및 구축물의 기초 등 구조적으로 주요한 부위를 만들기 위해 강구조물 및 경량 철골 부재, 철근, 콘크리트, 석재, 벽돌, 목재 등을 사용하여 설치·시공하거나 보수
	7021~ 7029	건축마감기능원	골조가 세워진 건물 및 구조물의 보온, 방수, 위생, 안전, 미관을 위해 내·외부 벽체나 바닥, 천정, 문, 창 등을 미장, 방수, 단열, 바닥재 시공, 도배 등의 작업
	7301	건설 배관공	상·하수도 배관, 냉난방 배관, 급·배수 위생배관을 설치

유형		직업명	직무 개요
설치/ 정비/ 생산직	8322	가전제품 설치 · 수리원	가전제품 설치, 시운전, 오작동되는 경우 수리
	8111	공업기계 설치 · 정비원	각종 공업용 기계를 설치하고, 기계의 성능이나 작동 여부 등에 대해 정비하는 업무(용접기 설치 및 정비업무 등)
	8131	금형원	금속공작기계, 수공구 및 정밀측정기로 금형 제작, 보수
	8252	도금 · 금속분무기 조작원	전기, 자기적 특성을 균등 부여하기 위하여 금속제품 또는 부품을 도금 및 도포하는 기기를 조작
	8312	내선 전기공	건물에 전기를 공급하기 위하여 옥내 전선관, 배선 또는 등기구류 설비를 건물내부에 시공하거나 보수
	8241 8242	용접원 (용접기 조작원 포함)	**용접원** : 용접장비 · 기기를 조작하여 금속 · 비금속 재료를 필요한 형태로 용접, 압접, 납땜 **용접기 조작원** : 열원(전기, 가스 등)의 이용 등을 통해 다양한 용접장비 및 기기를 조작
	8329	전기·전자 기기 설치·수리원	심전기, 살균장치, 수술실의 램프와 테이블, 투열 요법기 등 전기의료장치 및 기타 전자 기기를 설치하고 검사·수리
	8124	자동차 정비원	자동차의 엔진, 차체 그리고 관련 부품 등을 수공구 및 관련 장비를 사용하여 조정, 정비, 수리, 교환하는 업무를 수행

	8114	냉동 · 냉장 · 공조기 설치 · 정비원	냉·난방장치와 공기조정장치를 연결시키고 냉·난방장치를 설치한 후 공기조절장치의 성능을 시험하거나 이를 정비
	8115	보일러 설치 · 정비원	산업용 및 건물 난방용 보일러·탱크·압력용기 등을 조립하여 배관·용접하거나 고장난 보일러를 정비
	8613	표백 · 염색기 조작원	섬유, 방사 또는 직물을 표백, 염색, 세척하는 기계를 조작
	신직업	연구장비전문가	연구 장비의 운용, 유지관리를 담당하고, 데이터 산출, 해석, 각종 시험분석, 데이터 산출 등의 업무를 수행
	신직업	화학물질 안전관리사	화학물질의 등록과 위해성 평가를 대행하고 유독물 시설의 관리계획서 작성과 관리, 사고 예방과 대응
	신직업	기업재난관리자	기업의 재난 발생 시 사고대응, 2차 피해 방지, 사업연속성 확보를 위한 활동, 재해경감활동계획 수립을 위한 컨설팅

31^장 세 갈래의 길

나와 세상에 대한 분석을 통하여 천직을 탐색했다면 최종적으로 진로를 결정해야 합니다. 어떤 길로 갈 것인가? 큰 틀에서 세 갈래의 길이 있습니다. 첫째는 노동자로 재취업하는 길이고, 둘째는 매매서비스업으로 창업하는 길이며, 셋째는 자유업으로 가는 길입니다.

세상의 모든 직업은 노동업, 매매서비스업, 자유직업 중 하나에 속합니다. 노동업은 타인에게 노동을 제공하고 그 대가로 급여를 받는 것이며 특성에 따라서 전문직과 일반직으로 나뉩니다. 매매서비스업은 물품이나 서비스를 판매하여 부가가치를 창출하는 것입니다. 자유직업은 그 외의 직업으로서 창직創職을 대표적인 사례로 들 수 있습니다.

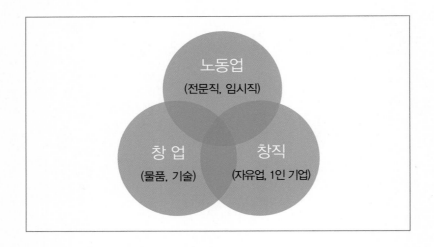

재취업

　　직장생활에 익숙한 사람은 노동업을 일반적으로 선호합니다. 직장생활만 하다가 창업을 하는 것은 낯설고 위험하기 때문입니다. 전문직으로서 원하는 분야에 재취업하여 안정적으로 일할 수만 있다면 노동업이 좋다고 생각합니다. 그러나 일반직 노동자는 마음에 드는 일자리 구하기가 하늘의 별따기입니다.

　일반직 출신인 저자도 실업급여를 받는 동안 재취업 활동을 했지만 원하는 일자리를 찾지 못했습니다. 운 좋게 일자리를 구한다고 하더라도 임시직과 무직 사이를 오락가락하다가 끝나 버리기 일쑤입니다. 용돈벌이 차원에서 무작정 아무 곳에나 취업하고 보자는 방식은 바람직하지 않습니다. 길게 보면 새로운 기회만 날리고 건강도 해치는 부정적인 결과를 초래할 가능성이 높기 때문입니다.

재취업에 실패한 퇴직자들이 차선책으로 프랜차이즈 가맹점을 오픈하는 경우가 많습니다. 저자는 프랜차이즈 가맹점을 창업이 아닌 노동업의 일종으로 인식합니다. 프랜차이즈 가맹점은 경영의 자율성 면에서 근본적인 제약이 있습니다. 그런 관점에서 보면 노동업과 본질적으로 다를 바가 없습니다. 내 자본으로 운영하지만 타인의 의사로 경영이 좌지우지되는 구조입니다. 따라서 저자는 프랜차이즈 가맹점을 '내 자본으로 운영되는 노동업, 즉 내가 나를 고용한 노동업' 정도로 인식합니다.

사업 경험이 없으니까 프랜차이즈 가맹점을 무작정 선호하는 사람들이 많습니다. 실제로 우리나라 소자본 창업은 프랜차이즈 중심으로 흘러가고 있습니다. 프랜차이즈 가맹점은 재료의 조달, 홍보 전략 측면에서 유리하지만 구조적인 한계점도 있습니다. 가맹본사의 운영방침에 따라야 하므로 자신이 원하는 방향으로 사업체를 운영할 수 없습니다.

따라서 예상하지 못한 갈등이 불거질 수 있습니다. 가맹점은 가맹본사의 성공과 발전에 기여하지만 가맹점 스스로의 성공과 발전에는 한계가 있습니다. 따라서 저자는 가맹점보다는 가맹본사를 운영하는 것이 좋다고 생각하며 그럴 자신이 없다면 차라리 독립적인 창업의 길로 나가는 것이 좋다고 생각합니다.

창업

　수십 년간 직장생활만 했던 사람이 창업의 길을 걷겠다고 결심하는 것만으로도 용기 있는 일입니다. 그러나 창업의 현실은 불안하고 실망스럽습니다. 미래에셋은퇴연구소가 발표한 자료(2017년)에 따르면, 우리나라 50대 퇴직자의 32.4%가 창업을 경험했고 이 중에 무려 74.2%가 실패했다고 합니다. 다시 말하면 100명 중 33명이 창업을 해서 25명이 망했다는 것입니다. 또한 국세청이 발표한 자료(2018년)에 따르면, 자영업 폐업자 수가 2018년에 처음으로 1백만 명을 넘어서 계속 증가 추세에 있다고 합니다.

[증가하는 자영업 폐업자]

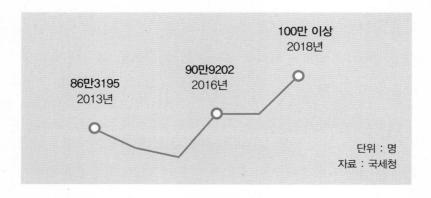

86만3195
2013년

90만9202
2016년

100만 이상
2018년

단위 : 명
자료 : 국세청

　일반적인 창업 환경은 어떨까요? 아래 그림은 통계청 자료에 근거하여 우리나라 연도별 출생 인구수를 나타낸 것입니다. 원으로 표시된 세 개의 봉우리는 왼쪽부터 차례로 1, 2, 3차 베이비붐세대인데 이 시기에 출생인구수가 특별히 집중되고 있습니다. 우리나라는 지금 베이비붐세대의 퇴직 쓰나미가 몰려오고 있습니다. 제1차 베이비붐세대(1955~1963년생, 710만 명)의 퇴직은 완료단계이고 자영업은 이들만으로도 이미 틈새가 없을 정도의 포화상태에 이르렀습니다. 이 틈바구니에서 새로운 소자본 창업으로 경쟁력을 확보하여 살아남는다는 것은 쉬운 일이 아닐 것입니다.

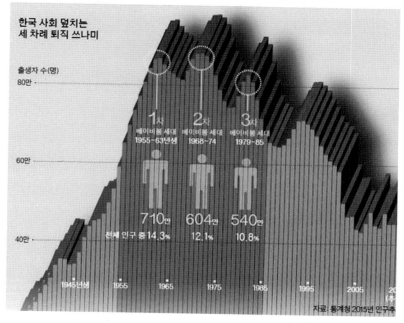

(그림 출처 : 중앙일보)

제2차 베이비붐세대(1968~1974년생, 604만 명)도 이미 50대로 들어섰으며 1, 2차 베이비붐세대의 중간에도 약 300만 명이 더 있습니다. 따라서 1955~1967년생 사이에만 무려 1천만 명의 퇴직이 예상되고 있습니다. 또한 경제·사회적인 전망도 만만치 않습니다. IMF

'나만의 천직' 찾기

와 OECD는 한국경제에 대하여 과도한 가계부채, 높은 청년실업률, OECD 최하위 수준의 노동생산성, 강력한 구조조정의 필요성 등을 거듭 경고하고 있습니다. 전문가들은 빠른 고령화와 낮은 출생률이 미래의 성장 동력을 떨어뜨릴 것이라고 지적하고 있습니다. 향후 10년 내에 큰 위기가 현실화될 가능성이 높다고 경고하는 미래학자도 있습니다.

창직(創職)

창직은 나만의 창조적인 아이디어를 이용하여 기존에 없던 직업을 만들거나 기존에 있는 직업을 재설계하는 것입니다. 어떤 좋은 아이디어를 자신의 적성, 강점과 연결하여 새로운 직업으로 만들어 내는 매력적인 직업 활동입니다. 인생 후반전에서는 창직에 과감히 도전할 수 있는 열린 마음과 용기가 필요합니다.

남들과 공유하면 좋을 것 같은 나만의 특별한 지혜, 지식, 정보, 체험을 창직의 소재로 활용할 수 있습니다. 예를 들면 용기, 갈등, 화, 웃음, 감사, 경청, 실패, 글쓰기, 전원생활, 중개 노하우, 목공예, 악기 연주, 음식 만들기, 재활용 옷으로 애완동물 옷 만들기, 사진, 등산, 여행 등의 다양한 취미나 특기가 창직의 소재가 될 수 있습니다. 또한 창직과 관련된 나만의 특별한 경험이나 지식을 콘텐츠로 내 인생의 첫 책 쓰기에 도전할 수 있습니다.

특별한 사람만이 책을 쓰는 것은 아니며 매일 조금씩 글쓰기를 하면 자기계발도 되고 언젠가는 내 인생의 첫 책을 출간할 수 있게 됩니다. 저자도 매일 조금씩 글쓰기 하는 습관을 길렀기 때문에 퇴직 후 두 권의 책을 출간할 수 있었습니다. 전문가가 책을 쓰는 것이 아니라 책을 쓰면 전문가가 될 수 있습니다. 책쓰기가 어렵다면 블로그나 카페를 만들어서 관심분야의 글을 올리는 습관을 기르면 나중에 여러모로 큰 도움이 됩니다.

창직, 創職

··

창조적인 아이디어를 이용해서 기존에 없는 직업을 새롭게 만들어 내거나 기존에 있는 직업을 재설계하는 창업 활동
(아이디어를 자신의 적성, 강점과 연결하여 새로운 직업 창조)

사례) 1인 기업, 자연재해 전문가, 다육아트 전문가, 외국인 등산 안내가, 아름다운 길 연구가, 택시문화 해설사, 모바일 화가 등

창직의 대표적인 사례로 1인 기업을 소개합니다. 인생 후반전에서 1인 기업을 운영하는 사람들이 많은데 저자도 협동조합을 창업했다가 실패하고 1인 기업을 운영 중입니다. 1인 기업은 나 자신이 기업이고 브랜드입니다. 저자가 1인 기업을 한다고 말하니까 지인들은 사무실 위치가 어디인지부터 묻습니다.

1인 기업은 그럴듯한 사무실을 내고 폼을 잡는 것이 아닙니다. 그

보다는 자기계발을 통해서 실력을 쌓는 일이 중요하며 사무실은 사실상 없어도 됩니다. 성능이 우수한 컴퓨터 하나만 들고 다니면 카페도 도서관도 공공장소도 사무실로 활용할 수 있는 편리한 세상입니다. 인생 후반전에서 재취업을 하는 것도 쉽지 않지만 9 to 6로 일하는 것도 사실상 쉽지 않기 때문에 1인 기업이나 프리랜서에 적극적으로 도전해 볼 필요가 있습니다.

창직의 사례로 '자연재해전문가'를 하는 지인이 있습니다. 그는 사진 촬영이 취미인데 멋있는 풍경만 찍는 것이 아니라 자연재해 현장을 시리즈로 찍어서 사회에 경종을 울리는 의미 있는 일에 도전하고 있습니다. 아울러 자연재해에 따른 농민들의 피해를 전문적으로 파악해서 도움을 주는 일도 병행하고 있습니다. 또한 얼마 전에 한국직업방송www.worktv.or.kr에서 창직의 성공사례로 '다육아트 전문가'를 소개한 적이 있는데 큰 감동을 받았습니다.

'외국인 등산 안내가'를 하는 지인도 있습니다. 그는 등산이 취미인데 외국인 관광객을 상대로 서울의 명산을 안내하는 일을 하고 있습니다. 취미생활도 되고 돈도 벌고 우리 문화도 알리는 역할을 한다고 만족해합니다. 이 밖에도 택시 운전과 문화재 해설을 동시에 수행하는 사람, 공학적인 경험과 기술을 반려동물 치료에 활용하는 사람, 아름다운 골목길의 특성을 연구해서 홍보하고 컨설팅을 하는 사람 등을 창직인의 사례로 들 수 있습니다.

Part V

자아실현
길라잡이

인생의 오후에서 가장 중요한 삶의 동기는 자아실현이다.
자아실현은 자신의 강점과 잠재력을
사회적으로 의미 있게 사용하려는 욕구이며
'나다운 나'로 살아가는 삶의 방식이다.

– 본문 중에서

새로운 꿈을 당당하게 말하자!

융C.G.Jung은 "사람들이 50세 이전에 자신만의 특별한 열정을 찾는 다는 것은 사실상 어렵다. 오십은 지나야 내면의 자아를 분명히 인식하고 특별한 자신을 발견하기 위하여 어떤 변화라도 수용하겠다는 의지를 보이게 된다."라고 말했습니다. 또한 심리학자들은 인생 후반전에서 가장 중요한 삶의 동기가 자아실현이라고 말합니다. 자아실현은 자신의 강점과 잠재력을 사회적으로 의미 있게 사용하려는 욕구이며 '나다운 나'로 살아가는 삶의 방식입니다.

젊었을 때는 자식을 기르고 직장에서 승진하는 일이 바빠서 자아실현에 신경 쓸 겨를도 없었습니다. 솔직히 말해서 저자는 인생 후반전을 시작하면서 처음으로 '나다운 나'에 대하여 생각해 보았습니다. 인생 후반전에서 새로운 꿈이 확실히 있으면 삶의 중심이 딱 잡히게 됩니다. 마음이 흔들릴 때도 범주를 과도하게 이탈하지 않으며 균형으로 되돌아오는 회복탄력성이 높아집니다. 꿈이란 자아실현을 위한 구체적인 목표입니다.

인생 후반전에서 당신의 꿈은 무엇입니까? 이렇게 단도직입적으로 물으면 사람들은 대체로 아무 말도 못 하거나 쑥스러워할 뿐입니다. 그럴듯한 꿈이 있는 것도 아니고 그렇다고 아주 없는 것도 아닌 어정쩡한 상태입니다. 꾸준한 실행력으로 뒷받침될 수 없는 꿈은 부질없는 잡념에 불과할 뿐입니다. 남들이 냉소할까 봐 두려워할 필요가 없습니다. 남들은 당신의 꿈에 관심이 전혀 없습니다. 남들이 당신의 꿈 이야기를 듣고 비웃을 수도 있겠지만 그건 그들의 자유이고 당신과는 상관없는 일입니다.

인생 후반전의 꿈을 남들에게 드러내 놓고 당당하게 말할 자신이 있습니까? 저자의 꿈은 '스테디셀러 작가이자 좋은 강연가'로 활동하는 것입니다. 저자는 PartⅣ를 통하여 '나만의 천직'을 찾는 방법에 대하여 이야기했습니다. '나만의 천직'에 적절한 수식어를 붙여서 그럴듯한 짧은 문장으로 표현하면 그것이 곧 당신의 꿈이 될 수 있습니다. 어렵게 생각할 필요도 없고 남의 눈치를 볼 필요도 없습니다.

"자신의 꿈을 당당히 이야기하자. 작은 꿈이라도 당당히 이야기하는 순간 당신의 삶 속에 작은 씨앗으로 떨어진다. 자신의 강점과 소망에 대하여 더 많이 시선을 두라. 내 영혼이 바라고 있는 것에 대하여 더 솔직하고 너그럽게 대하라. 생각한 대로 이뤄 보는 경험을 하고 그 경험이 쌓이다 보면 우리는 자신이 삶을 창조하는 주체임을 알게 된다. 자신감이 생기고 행복감은 커지고 남에게 알리고 싶어진다."

– 나폴레온 힐

우리가 직장에 다닐 때는 1년 단위로 사업계획서를 만들고 그것을 점검하는 데 올인하면서 지냈습니다. 회사를 위해서는 그토록 치밀하게 살았으면서도 정작 나 자신의 삶에 대해서는 엄청나게 무계획적이며 즉흥적입니다. 1년 단위의 구체적인 목표와 계획을 세우기는커녕 수십 년의 인생살이 전체에 대하여 단 한 장짜리 계획서도 만들지 않는다는 것은 놀랍고도 터무니없는 일이 아니겠습니까?

"계획을 세우지 않은 목표는 한낱 꿈에 불과하다."

— 생텍쥐페리

우리에게 두 번째의 소중한 인생이 주어졌습니다. 우리의 부모님 세대에서는 누리지 못했던 특권이기도 합니다. 오래 사는 것이 고통이라고 그냥 습관적으로 말하지 마세요. 내가 진정으로 원하는 삶을 살아 볼 수 있는 절호의 기회입니다.

직장인으로 쏟았던 정성의 절반 정도만 신경을 써서 새로운 비전을 만들고 계획을 세워 보세요. 형식도 필요 없고 길게 쓸 필요도 없습니다. A4 용지 한 장에 인생 후반전을 위한 향후 5년간의 계획을 콤팩트하게 적는 것입니다. 하나의 사례로서 직장에서 퇴직한 직후에 저자가 만들었던 계획서를 다음과 같이 소개합니다.

인생 후반전의 꿈과 5년 계획

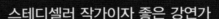

스테디셀러 작가이자 좋은 강연가

5년 계획 ('14–'19 계획)	**1. 공부 및 수행** • 학교 다니기 • 학회 및 단체 On&Off 활동 적극 참여 • 관심분야 책 200권 읽기 **2. 자격증 취득** • 사회복지사 • 명상심리상담사 **3. 책 출간** • 단행본 1권 이상 **4. 기타** • On–line 카페 활성화 • 1인 연구소 설립
생활 수칙	• '내면의 힘'을 기르고 나쁜 생활습관을 확 바꾸자. • 내가 원하는 재미있고 의미 있는 삶을 살자. • 작은 실천을 매일매일 진지하게 반복하자. • 꿈을 향하여 두려움 없이 서두름 없이 나아가자.

돈이 많아도 꿈이 없는 인생 후반전이라면 지루하고 메마른 황무지에 다름 아닐 것입니다. 지금 여기의 삶에 현재진행형 꿈이 살아 숨 쉰다는 것은 인생을 주도적으로 살아갈 수 있는 동력이 건재하다는 의미입니다.

마음속 깊은 곳에 웅크리고 있는 나만의 꿈을 비로소 선명하게 드러내 보세요. 인생 후반전의 소중한 꿈을 남들에게 드러내 놓고 당당하게 말해 보세요. 그것이 바로 자아실현의 길로 나아가기 위한 첫 걸음입니다.

학생으로 계속 남아 있자!

하버드대학교 행복연구팀은 행복한 나이 듦의 7대 필수요소를 발표했습니다. 첫 번째로 중요한 요소는 자아성찰이고 두 번째로 중요한 요소는 교육이었습니다. 배움은 인생살이의 핵심 요소로서 우리가 살아 있는 한 끝이 없습니다. 우리는 젊은 시절에 받았던 교육을 밑천으로 인생의 전반전을 살았으므로 이제는 사실상 바닥이 난 셈입니다. 중년기 문제를 최초로 연구한 심리학자 융C. G. Jung도 "인생의 아침에 사용하였던 그 프로그램으로는 인생의 오후를 살 수 없다."라고 준엄하게 경고한 바 있습니다.

두 번째 인생을 위한 새로운 프로그램을 위하여 교육을 통한 재충전이 필요합니다. 정부가 국민의 노후준비를 위한 교육 프로그램을 적극 지원하는 이유도 이와 같습니다. 그런데 언론 보도에 의하면, 우리나라 55세 이상의 약 90%는 재충전 교육을 자발적으로 받지 않는다고 합니다. 나이도 있고 인생경험도 풍부하니까 더 이상 교육이 필요 없다고 생각하기 때문입니다. 인생을 다 안다고 생각하는 자체가 참으로 안타깝고 답답한 일입니다.

저자는 앞 장에서 인생 후반전의 새로운 꿈에 대하여 이야기했습니다. 이를 뒷받침하기 위하여 가장 먼저 실행해야 할 일은 학생으로 계속 남아 있는 것입니다. 나이가 들었어도 학생으로 다시 돌아갈 수 있다는 사실이 얼마나 멋지고 가슴 뛰는 일입니까? 인생 후반전에서의 교육은 마음만 먹으면 비싼 돈을 들이지 않고도 얼마든지 받을 수 있습니다. 정부, 지자체, 공공기관, 평생교육원 등에서 진행하는 무료(또는 저비용) 교육 프로그램들이 매우 다양하게 열려 있기 때문입니다.

먼저, 정부에서 시행하는 무료 교육프로그램을 소개합니다. 고용노동부의 워크넷을 통하여 신청할 수 있는 것으로 성취교육 프로그램, 성실(중장년)교육 프로그램, 장년나침반생애설계교육 프로그램, 취업희망교육 프로그램, 사회공헌활동 지원사업교육 프로그램, 단기취업특강 프로그램, 단기집단상담 프로그램이 있습니다.

고용노동부는 2017년에 「신중년 인생 3모작 기반구축계획」을 발표했습니다. 신중년(50~69세)은 2019년 상반기 현재 약 1,350만 명입니다. 인생 3모작은 생애주기를 3단계(1단계: 50세 전, 2단계: 50~65세, 3단계: 65세 후)로 나누어 관리하는 것인데 정부의 인생 3모작 정책에 맞추어서 나의 인생 후반전을 설계하고 여기에 맞는 단계별 교육을 받는것도 좋은 전략이라고 생각합니다.

고용노동부 산하 국책특수대학인 한국폴리텍대학의 신중년 특화 교육 프로그램도 있습니다. 한국폴리텍대학은 기술 중심의 실무 전문인을 양성하는 교육기관입니다. 현재 전국 7개 권역(수도권, 인천·경기, 강원, 충청, 광주·호남, 대구·경북, 부산·울산·경남)에 34개 캠퍼스가 있습니다. 정부의 핵심 사업답게 지원도 파격적이어서 입학생 전원에게 수업료, 실습비, 실습복, 식비 등 교육비 전액을 지원합니다. 기숙사를 무료로 제공하는 캠퍼스도 있으며 출석률이 높은 학생에게는 최대 25만 원, 기숙사생에게는 최대 20만 원의 훈련 수당 및 교통비를 지급하는 캠퍼스도 있습니다.

노사발전재단(노사 공동의 정책 사업을 추진하기 위하여 고용노동부, 노사정위원회, 한국노총, 한국경총이 합의하여 2006년에 설립한 공공기관)이 운영하는 중장년일자리희망센터를 활용할 수도 있습니다. 전국 광역단위에 12개의 종합센터를 운영 중인데 중장년 재직근로자를 위한 생애경력설계 프로그램, 퇴직예정 근로자를 위한 전직스쿨 프로그램, 구직자를 위한 재도약 프로그램 등을 무료로 제공하고 있습니다.

생애경력설계 프로그램은 자가진단을 통하여 다양한 진로를 모색하고 경력설계를 할 수 있는 프로그램입니다. 전직스쿨 프로그램은 퇴직에 따른 불안해소 및 인식전환과 전직계획 수립 및 구직 스킬과 취업알선 서비스를 제공합니다. 재도약 프로그램은 취업전략 수립 및 역량강화 등을 담당하고 있습니다.

또한 1:1 컨설팅과 사후관리 프로그램도 지원하고 있습니다. 노사발전재단 산하 중장년일자리희망센터가 취업지원교육 프로그램을 진행하는 곳은 전국의 광역지자체별로 총 9군데가 있습니다. 이 밖에 고용노동부에서 발급하는 평생내일배움카드를 활용하여 민간 교육기관으로부터 무료교육을 받을 수도 있습니다.

[평생내일배움카드 도입방안]

구분	현행: 내일배움카드	개편: 평생내일배움카드
지원 대상	– 실업자 – 재직자(중소기업·비정규직 중심)	– 실업자, 재직자, 자영업자, 특고 등 　(고용형태 무관) – 단, 공무원, 사학연금 대상자, 재학 　생 등 제외
유효 기간	– 실업자 1년 – 재직자 3년	– 5년
지원 내용	– 200~300만 원 – 실업자만 훈련장려금(11.6만 원)	– 300~500만 원 – 실업자만 훈련장려금(11.6만 원)
자부담	– 실업자 훈련과정 평균 25% – 재직자 훈련과정 　0~20%(일부 40%)	– 소득 훈련직종에 따라 　무료~평균 40% 수준

지방자치단체의 사례로 서울특별시를 소개합니다. 서울특별시는 50대 이후의 평생교육을 지원하기 위하여 50+캠퍼스, 50+센터, 자유시민대학을 운영하고 있습니다. 50+캠퍼스는 교육과 일, 문화, 커뮤니티 활동으로 새로운 인생 모델을 창조하도록 돕는 광역형 지원기

관으로 권역별로 총 6개가 있습니다. 50+센터는 지역별 활동공간으로서 현재 4개가 있으며 2020년까지 총 19개가 설치될 예정입니다. 저자도 50+센터를 자주 방문하고 있는데 신중년 세대가 활동 거점으로 삼기에 딱 좋은 곳입니다.

50+캠퍼스와 50+센터는 향후 5년간 35만 명을 대상으로 50+인생학교, 맞춤형 심화과정, 50+컨설턴트 등 1만 5,000여 개의 맞춤형 강좌를 운영합니다. 사회공헌형 일자리, 퇴직(예정)자 앙코르 펠로십, 관광사업, 협동조합을 통한 민간 일자리, 맞춤형 취·창업, 기술교육 등을 통해서 5년 동안 50+일자리 1만 2천 개를 만들 계획입니다.

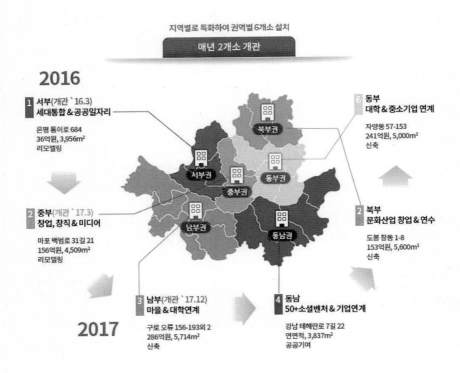

지역별로 특화하여 권역별 6개소 설치

매년 2개소 개관

2016

1 서부(개관 `16.3)
세대통합 & 공공일자리
은평 통일로 684
36억원, 3,956m²
리모델링

2 중부(개관 `17.3)
창업, 창직 & 미디어
마포 백범로 31길 21
156억원, 4,509m²
리모델링

3 남부(개관 `17.12)
마을 & 대학연계
구로 오류 156-193외 2
286억원, 5,714m²
신축

2017

6 동부
대학 & 중소기업 연계
자양동 57-153
241억원, 5,000m²
신축

2 북부
문화산업 창업 & 연수
도봉 창동 1-8
153억원, 5,600m²
신축

4 동남
50+소셜벤처 & 기업연계
강남 테헤란로 7길 22
연면적, 3,837m²
공공기여

북부권
서부권
중부권
동부권
남부권
동남권

264

이 밖에도 취업, 창업, 재무, 교육, 여가, 심리 등과 관련한 정보들을 무료로 취득할 수 있는 주요 사이트를 소개하면 다음과 같습니다.

[주요 사이트]

구 분	이름 및 주소
취업	중장년 취업아카데미 nosa.or.kr
	서울시 중부기술교육원 jbedu.or.kr
	여성 새로일하기센터 saeil.mogef.go.kr
	한국직업정보시스템 work.go.kr
	한국고용정보원 keis.or.kr
창업	우리마을가게 상권분석서비스 golmok.seoul.go.kr
	서울시 여성창업플라자 seoulwomenventure.or.kr
	서울시 창조경제혁신센터 ccei.creativekorea.or.kr
재무	국민연금 노후준비서비스 csa.nps.or.kr
	노후행복설계센터 100-plan.or.kr
	은퇴금융아카데미 hf.go.kr
교육 여가 심리	국가평생학습포털 늘배움 lifelongedu.go.kr
	서울시 평생학습포털 m.sll.seoul.go.kr
	서울시 50플러스포털 50plus.or.kr
	서울시교육청 평생학습포털 everlearning.sen.go.kr
	비지트 서울 korean.visitseoul.net
	페스티벌 인서울 festival.seoul.go.kr
	신중년기마음연구소 http://cafe.daum.net/After50

자아실현 길라잡이

작은 실천을 진지하게 반복하자!

스티브 김(김윤종)은 동양의 빌게이츠로 불린 사람입니다. 그는 사업가의 꿈을 안고 무일푼으로 미국으로 건너가 공부를 마치고 누구나 부러워하는 글로벌 대기업에 취직했습니다. 그러나 한 개의 작은 부속품처럼 일해야 하는 업무 시스템에 염증을 느꼈습니다. 그래서 이름 없는 중소기업으로 자리를 옮겼고 다양한 업무들을 배웠습니다. 그는 이 경험을 밑천으로 작은 창고를 빌려서 사업가의 꿈을 용기 있게 실행했습니다.

결국 그는 꿈을 이루어 약 2조 원의 큰돈을 벌었으며 인생 후반전에서는 우리나라 청소년들에게 꿈을 심는 교육 봉사활동을 하면서 멋지게 살아가고 있습니다. 저자는 그가 봉사 현장에서 외치는 호소에 깊이 공감했습니다. "사람들은 많은 계획을 세우지만 실제로는 이런저런 이유를 들어서 움츠러들고 포기하고 결국 후회하게 될 뿐이다. 꿈을 이룬 사람들의 공통점은 '실행력'에 있다. Do, Do, Do,

Action! Do, Do, Do, Action!"

"실행은 모든 성공의 기본적인 열쇠이다!"
(Action is the foundational key to all success!)

— 파블로 피카소

실행력이란 누가 뭐래도 나의 꿈을 향하여 용기있게 첫걸음을 내디딜 수 있는 힘, 작은 실천을 진지하게 반복할 수 있는 힘, 겸손한 마음으로 정진할 수 있는 힘을 말합니다. 꿈을 이룬 사람들의 기적 뒤에는 언제나 위와 같은 실행력이 존재합니다. 아무리 좋은 조건이라도 꾸준한 실행력이 뒷받침되지 않는다면 소용 없는 일입니다.

"인생은 자전거 타기와 같으며 균형을 유지하려면 계속 움직여야 한다." 앨버트 아인슈타인의 말입니다. 인생 후반전으로 가는 자전거 타기의 기본 요소는 무엇일까요? 첫째는 건강입니다. 몸과 마음에서 우러나오는 원천에너지가 있어야 활력있게 나아갈 수 있습니다. 둘째는 목적지(꿈)입니다. 목적지도 없이 앞으로 무작정 내달리는 것은 방황일 뿐입니다. 끝으로 실행력이 중요합니다. 아무런 노력도 없이 저절로 이루어지는 꿈은 없기 때문입니다.

행운도 원인이 있는 결과입니다. 세계적으로 권위 있는 변화심리학자 앤서니 라빈스는 『네 안에 잠든 거인을 깨워라』라는 책에서 "준비와 기회가 만나면 행운이라는 결과를 만든다."라고 말했습니다.

자아실현 길라잡이

우리는 꿈을 실행하는 과정에서 예상치 못한 기회들을 만나게 됩니다. 이런 것들이 뒤늦게 필연으로 느껴질 때가 있습니다. 꿈을 향해 나아가는 과정에서 만나는 예상치 못한 기회들을 잘 활용할 때 얻게 되는 결과가 곧 행운입니다.

"꿈을 향해 묵묵히 나아가면 우연이라고 보기에는 너무도 신기한 어떤 일치현상을 경험하게 된다."라고 합니다. 융C.G.Jung도 이를 '동시성'이라는 말로 설명했으며 현대물리학의 양대 산맥인 양자론과 상대성이론도 이와 같은 입장입니다. 저자도 그런 경험을 한 적이 종종 있는데 한참 뒤에 돌이켜 보면 어떤 연관성이 느껴집니다. 마치 처음부터 누군가에 의하여 계획이라도 되어 있었던 것처럼 말입니다. 전문가들은 이런 경험을 일컬어 일치현상, 동시성, 우연의 창발성, 내맡김의 기적, 계획된 우연이라는 용어로 설명합니다.

"꿈을 향해 나아가는 과정에서 장애물을 만나고 그것을 극복하는 과정에서 우리는 어떤 일치현상을 경험하게 된다. 일치현상은 꿈을 정하고 그 꿈의 모습을 상상하고 행동하고 다시 반복의식을 행함으로써 우주에게 나의 꿈을 명확히 알려 온 것에 대한 우주의 화답이다. 일치현상을 경험할 때마다 우주가 당신을 격려하고 있음을 깨닫고 감사하라. 일치현상에 감사하면 할수록 감사한 일들이 끌려온다. 일치현상에 집중하면 할수록 놀라운 일치현상이 더 많이 끌려온다. 괴롭고 힘든 장애물도 우주가 준 놀라운 일치현상의 하나임을 나중에 결국 알게 된다."

– 채인영

"인생은 단순한 이분법의 세계가 아니다. 흑과 백 사이의 수많은 회색지대로 이뤄진 것이 우리의 인생이다. 이 회색지대 안에는 수많은 우연이란 가능성이 숨어 있다. 이런 우발적 가능성이 창발성 emergence의 원천이다. 우연히 다가오는 무수한 가능성들, 이것은 오직 발견하는 자만이 누릴 수 있는 축복이다. 우리의 인생은 우연한 마주침의 연속이며 그 마주침으로 꿈에도 생각하지 못한 꿈 같은 세계가 열리는 것이다. 삶은 빛나는 우연에 의하여 지배당한다. 그러니 우연의 물결을 타고 신나게 즐기면 된다. 우연과 함께 춤추다 보면 어느 순간 영감이 찾아온다. 그 순간의 영감을 믿고 행동하라. 인생은 수많은 우연의 합작품이다. 미래를 예측할 수 있고 모든 것이 계획대로 척척 풀린다면 인생이 얼마나 재미없겠는가? 불확실한 미래, 그 미지의 세계에 대한 희망과 기대로 우리의 인생은 한층 빛난다."   – 유영만

우물쭈물 망설이기만 하면 결국에는 '조용한 절망' 상태로 빠져 들게 될 뿐입니다. 마음은 가장 지배적이면서도 확고한 열망을 따른다고 합니다. '시작이 반'이라고 했습니다. 기적을 믿고 꿈을 향하여 첫걸음을 용기 있게 내디뎌 보세요. 그리고 매일매일 작은 실천들을 진지하게 반복해 보세요. "꿈은 이루어집니다. 이루어질 가능성이 없었다면 애초에 꿈꾸게 하지도 않았을 것입니다."

You are Enough!

견딤과 기다림의 여정을 즐기자!

저자는 인생 후반전에서 진정으로 원하는 삶을 살겠다고 마음먹었지만 쉬운 일이 아니었습니다. 모든 일이 마음먹은 대로 척척 굴러가 준다면 얼마나 좋겠습니까? 삶의 변화는 늘 그렇듯이 부드러운 적응을 허용하지 않고 다양한 시련을 안깁니다. 철석같이 믿었던 일들이 갑자기 뒤틀리면서 예상을 넘는 묵직한 타격을 받은 적도 있었습니다. 퇴직 후 5년이 지난 지금에서야 비로소 새로운 질서에 어느 정도 적응하고 있다는 느낌이 듭니다.

> "인생 후반으로의 소리 없는 이동이 시작되면서 삶의 계획이 효과를 발휘하지 못하는 공통현상이 일어난다. 현실과 기대 사이의 불일치가 겉으로 드러난다. 자신의 계획이 붕괴되거나 축소되는 것을 경험한다. 세상살이에 동원하는 전략이 방향 전환을 겪고 있는 것이다."
>
> – 제임스 홀리스

아래 그림은 저자가 퇴직 후 지난 5년간의 적응 과정을 그린 것입니다. 저자는 앞에서 말한 것처럼 인생 후반전에서 '스테디셀러 작가이자 좋은 강연가'로 활동하겠다는 새로운 목표를 세웠습니다. 이를 위하여 5년간의 계획(Step 1 참조)을 꾸준히 실행했으며 드디어 3년이 지난 시점에 첫 번째 결실로 협동조합을 설립하게 되었습니다.

[퇴직 후 5년간의 적응 과정]

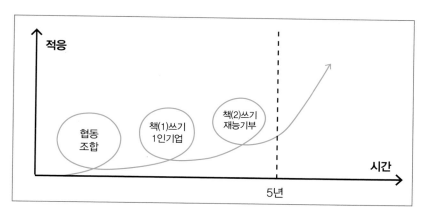

협동조합이나 사회적 기업을 계획하는 사람들이 많은데 저자가 설립을 직접 주도하고 운영해 보니까 그것이 말처럼 쉬운 일이 아니었습니다. 협동조합을 하면서 가장 힘들었던 것은 협동 그 자체였습니다. 설립 단계에서는 구성원들이 협동하여 순조롭게 진행되었지만 활동단계에서는 개인 사정으로 협동이 어려워지면서 결국 문을 닫고 말았습니다. 처음에는 잘 진행되어 도약하는 듯하다가 갑자기 역회전해서 원점으로 회귀해 버린 것입니다. 초반의 일이 쉽게 굴러간다고 만만한 생각이 들었을 때 안주하지 말았어야 했습니다.

협동조합에 실패한 후 책 쓰기에 매진하여 첫 책(『은퇴전환기 마음길라잡이』)을 출간했습니다. 이 책은 네이버 베스트셀러에도 오르고 주요 서점의 은퇴 부문 상위권에도 올랐습니다. 책만 내면 모든 일이 금방 풀릴 것처럼 과잉 홍보하는 사람도 있습니다. 저자도 책을 통하여 어느 정도 도움을 받았지만 기대에 미치지는 못했습니다.

첫 책을 출간한 후 1인 연구소도 시작했지만 1년 이상 기초 작업에만 매달려야 했습니다. 결국 이 또한 사실상 원점으로 회귀해 버린 것입니다. 최근에는 그동안의 경험을 바탕으로 계획을 대폭 수정했습니다. 외부활동을 줄이고 책 쓰기에 다시 전념하여 두 번째 책(『인생 후반전, 두려움없이 서두름없이』)을 출간하게 되었습니다. 책 쓰기는 자기계발을 위한 최고의 방편이므로 여러분도 '내 인생의 첫 책 쓰기'에 도전해 볼 것을 권유합니다.

현재, 저자는 1인 기업을 유연한 방식으로 운영하고 있습니다. 국민연금공단, 마음치유학교, 공공도서관 등의 공익단체에서 재능기부 활동을 열심히 하고 있습니다. 이처럼 저자는 인생 후반전에서 새로운 삶으로 나아가기 위한 기초를 다지는 일에만 꼬박 5년을 보냈습니다. 하룻밤에 이루어질 수 있는 꿈은 없습니다. 빨간 대추 한 알도 천둥번개, 비바람을 맞으며 1년간 견딤과 기다림의 과정을 거쳐야만 영글 수 있습니다. 꿈을 향하여 작지만 진지한 실천을 일관

성 있게 반복해 보세요. 지루하고 힘들어서 그만두고 싶을 때 다시
일어나 기꺼이 도전 할 수 있는 열정이 있다면 꿈은 이루어집니다.

"인생은 목표 자체에 관한 것이 아니라 여정에 관한 것이다. 어떤 목
표를 이루고 하산하는 것이 아니라, 각 단계별 여정을 즐기는 것이다."

– 벨페시

"무엇이든 새로운 것을 창조하려면 혼돈 속에서 기존의 나를 파괴
하는 고통을 겪어야 한다. 인간은 모두 고통받는 존재이며 고통을 통
해서 창조적 희열을 느낄 수 있다. 결국 삶은 고통과 희열의 변주곡이
다. 아무것도 보이지 않는다고 주저앉지 마라. 견딤과 기다림을 통하
여 내공이 폭발된다."

– 유영만

채근담 후집에 수도거성水到渠成이라는 말이 있습니다. "물이 흐르
면 도랑은 저절로 만들어진다."라는 뜻입니다. 조건이 갖추어지면
원하는 일은 자연스럽게 이루어진다는 교훈입니다. 인생 후반전의
최대 실수는 조급함 때문에 일어납니다. 욕심이 앞서면 조급한 마음
이 일어나기 마련입니다. 조급할수록 불안해지고 불안해질수록 실
수의 가능성만 올라갑니다. 견딤과 기다림의 여정을 서두르지 않고
기꺼이 즐기겠다고 마음먹으면 어느덧 가슴 뛰는 길 위에 서 있는
자신의 모습을 발견할 수 있게 됩니다.

두려움 없이 서두름 없이

취업포털 '사람인'의 조사에 따르면, 직장인의 약 87.2%가 은퇴에 대한 두려움을 갖고 있는 것으로 나타났습니다. 두려움의 원인은 준비 부족, 소득 절벽, 자녀 부양, 긴 수명, 가치 상실 등으로 다양했습니다. "나는 은퇴 후에 할 일이 많다."라고 큰소리치는 사람도 막상 1년만 지나면 기대가 여지없이 무너지면서 불안에 휩싸이기 일쑤입니다. 게다가 생애 전환기의 힘겨운 변화들도 압도적인 강도로 함께 밀어 닥치면서 두려움을 느끼게 됩니다.

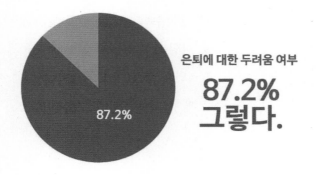

은퇴에 대한 두려움 여부
87.2%
그렇다.

우리는 인생 후반전을 시작하면서 사회적 역할 상실, 인간 관계의 무너짐, 체력 저하, 지인들의 질병과 죽음 등 온갖 침체의 변화들과 마주칩니다. 이런 변화에 대응하는 방식은 사람마다 다릅니다. 외부와의 소통을 아예 끊고 두문불출하는 사람도 예상외로 많습니다.

전화 한 통 걸려오지 않고 자신을 필요로 하는 곳도 없는 소외적 현실에 늘 화가 나 있는 사람도 있습니다. 무능력한 자신 때문에 가족들이 고생한다고 죄책감과 우울증에 빠지는 사람도 있습니다. '인생은 60부터!'를 외치면서 일부러 호기를 부리는 사람도 있습니다.

에릭슨Erik Homburger Erikson은 자아심리학을 비약적으로 발전시킨 학자입니다. 그는 인격형성의 최종단계를 통합과 절망의 두가지 형태로 분류 했습니다(아래 표 참조). 우리는 나이 들수록 '절망의 인격'으로 퇴화되어 가고 있는 것은 아닌지를 스스로 짚어 보고 더 성숙한 방향으로 전환될 수 있도록 노력해야 할 것입니다.

'절망'의 인격	'통합'의 인격
– 변화에 대한 두려움	– 변화를 수용하는 용기
– 타인에 대한 원망과 분노	– 타인에 대한 화해와 용서
– 자신을 타인에게 투사(投射)	– 자신을 존중함(자존감)
– 부정적인 정서(우울, 불안)	– 긍정적인 정서(평정심)

저자는 퇴직 후 지난 5년간의 체험을 바탕으로 어떻게 전환기의 변화를 수용하고 성숙한 인격으로 거듭날 것인가에 대한 구체적인 실천전략을 소개했습니다. 불안과 두려움으로 대표되는 전환기의 심리상태를 안정화시키고 내면을 키우는 일이 첫 번째 핵심 과제입니다. 아울러 자신의 강점과 잠재력을 사회적으로 의미 있게 사용할 수 있는 천직을 재발견해서 진정으로 원하는 삶을 살아내는 것이 우리에게 주어진 두 번째 핵심 과제입니다.

'100세 시대, 인생 후반전을 어떻게 살 것인가?'에 대한 저자의 체험 이야기를 하나의 그림으로 요약해서 다시 한번 결론적으로 말씀드리면 다음과 같습니다.

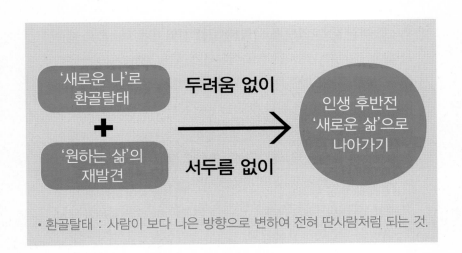

• 환골탈태 : 사람이 보다 나은 방향으로 변하여 전혀 딴사람처럼 되는 것.

인생 후반전에서 가장 먼저 해야 할 일은 내면의 힘을 기르고 나쁜 습관들을 확 바꾸어서 '새로운 나'로 환골탈태하는 것입니다. 몸과 마음을 총체적으로 재정비해야만 새로운 삶으로 나아갈 수 있는 원천에너지를 확보할 수 있기 때문입니다.

아울러 천직을 찾아서 내가 진정으로 원하는 삶을 사는 것입니다. 이를 위하여 1만 시간 이상을 반복적으로 실천할 수 있는 끈기와 용기가 필요합니다. 그 과정에서 기대와 현실이 부합되지 않을 때도 있지만 결과에 너무 집착하지 말고 새로운 삶의 여정을 담대하게 즐기면서 두려움없이 서두름없이 나아갑시다.

이 책이 인생 후반전을 준비하는 분들에게 희망과 용기를 주는 길라잡이가 될 수 있기를 진심으로 기원합니다.
부디, 늘 강건하시고 행복하세요.

감사합니다.

저자 **최주섭** 올림

인생 후반전을 준비하는 모든 분들께
용기와 희망이 가득하시기를 기원합니다!

권선복
도서출판 행복에너지 대표이사

과거에 나이를 먹는다는 것은 인생으로부터의 퇴장, 삶의 마지막 장으로 접어드는 시기로 여겨져 왔습니다. 60대 즈음이 되면 편안히 은퇴하여 더 이상 아무 걱정 없이 임종을 기다리는 게 순리라 믿었습니다.

그런데 이제 더 이상 그러한 개념이 통하지 않는 시대가 왔습니다. 100세 시대가 도래한 지금, 은퇴 후 남은 날들이 과거보다 훨씬 늘어난 상황에서 이제 '인생의 후반전'을 준비해야만 하는 날이 온 것입니다. 바야흐로 '인생의 제2막', '액티브 시니어'로 이름 붙여진 삶입니다.

이런 시대가 온 것이 막연히 "부담스럽고 더 괴로운 일이 늘었다"고 말할 사람이 있을는지도 모릅니다. 하지만 이 시대는 어찌 보면 인간의 진화 과정에 있어서 새로운 길이 열린 것이라고 말할 수 있지 않을까요?

저자의 말처럼, 인생의 후반전에는 '마음의 힘'을 길러야 합니다. 전반전에 외부를 향해서 뛰어왔던 시야를 돌려 내부를 들여다보면, 나는 누구인지, 남은 생을 어떻게 살아가야 하는지 깊이 성찰할 수 있습니다.

자신의 천직을 원점에서 재발견할 수도 있습니다. 한 사람의 인간으로서 쌓아왔던 지식과 지혜, 경험을 토대로 사회에 이바지할 수 있고, 돈 때문이 아닌 자신이 즐거운 일을 하면서 살아갈 수 있습니다.

이는 어찌 보면 굉장한 축복입니다. 죽기 전에 지금의 나보다 한 차원 성숙한 인간이 될 수 있는 기회이기 때문입니다. 죽음만을 기다리며 허송세월하는 대신, 제2의 삶을 살 수 있는 '지혜로운 나무'가 될 수 있는 기회 말입니다.

나이 든 사람의 지혜는 결코 허투루 볼 것이 아닙니다. 동서양을 막론하고 노인의 경험과 충고는 값진 것이라는 잠언은 어디에나 있습니다.

뉴스에서는 100세 시대를 맞이하여 노년 인구가 늘어나면서 초고령 사회로 접어드는 것이 우려된다는 식으로 이야기를 하지만, 이제 더 이상 노년 인구는 '짐이 아닌 멘토'로서 오히려 젊은 층을 포함하여 사회 전반에 큰 기여를 할 수 있지 않을까 조심스레 점쳐봅니다.

다가오는 새 시대를 맞이하는 모든 '신중년', '액티브 시니어'들을 향해 큰 소리로 외쳐봅니다.

"두려워하지 말고 당신의 삶을 새롭게 받아들이라!"

지금껏 잘 살아왔듯이, 여러분은 앞으로도 더욱 크고 지혜롭게 살아갈 수 있을 것입니다!

부디 활기차고 축복이 가득한 제2의 삶을 멋지게 받아들여, 크나큰 행복 에너지가 팡팡팡! 솟아올라 기쁨으로 가득 차시기를 기원합니다. 여러분의 앞날에 빛이 가득하기를 바랍니다. 자신감을 가지고 나아가십시오! 새 시대는 여러분을 반갑게 맞이할 것입니다. 감사합니다.